《舟山群岛新区自由港研究丛书》编委会

浙江省哲学社会规划课题

政府制度工作对集群创业行为演化影响研究（18NDJC146YB）

求是智库
ZJU Think Tank

舟山群岛新区自由港研究丛书

丛书主编 罗卫东 余逊达

自由港与海洋新兴产业发展研究

Study on the Development of Free Ports and Emerging Marine Industries

蔡 宁 黄 纯◎著

ZHEJIANG UNIVERSITY PRESS
浙江大学出版社

图书在版编目（CIP）数据

自由港与海洋新兴产业发展研究 / 蔡宁,黄纯著.
—杭州：浙江大学出版社，2019.10
ISBN 978-7-308-18604-9

Ⅰ.①自… Ⅱ.①蔡… ②黄… Ⅲ.①自由港—港口
建设—研究—舟山市 ②海洋开发—产业发展—研究—舟山
市 Ⅳ.①F552.755.3 ②P74

中国版本图书馆 CIP 数据核字(2018)第 208012 号

自由港与海洋新兴产业发展研究

蔡 宁 黄 纯 著

责任编辑	杨利军
文字编辑	马一萍
责任校对	沈巧华
封面设计	项梦怡
出版发行	浙江大学出版社
	（杭州市天目山路 148 号　邮政编码 310007）
	（网址：http://www.zjupress.com）
排　　版	杭州中大图文设计有限公司
印　　刷	杭州高腾印务有限公司
开　　本	710mm×1000mm　1/16
印　　张	11.5
字　　数	171 千
版 印 次	2019 年 10 月第 1 版　2019 年 10 月第 1 次印刷
书　　号	ISBN 978-7-308-18604-9
定　　价	68.00 元

总　序
开启舟山"自由港"筑梦之旅

　　舟山群岛是中国第一大群岛,拥有 1390 个岛屿和 270 多千米深水岸线,历史上被誉为东海鱼仓和中国渔都。从地缘区位来看,舟山是"东海第一门户",地处中国东部黄金海岸线与长江黄金水道的交汇处,背靠长三角广阔腹地,面向太平洋万顷碧波,是我国开展对外贸易和交往的重要通道。从自然地理来看,舟山港域辽阔,岸线绵长,航门众多,航道畅通,具有得天独厚的深水港口和深水航道优势,是大型深水港及集装箱码头的理想港址。

　　舟山独特的地缘区位优势与自然地理优势,使它在 16 世纪上半叶就成为当时东亚最早、最大、最繁华的贸易港,汇聚了葡萄牙、日本等十多个国家的商人,呈现出自由贸易港的雏形。但后来由于倭寇入侵等原因,舟山成为海盗、海商与朝廷对抗的地方。明朝开始实行的"海禁"政策,使舟山的区位优势和地理优势未能转化为支撑舟山经济发展的产业优势。鸦片战争期间,那些来到舟山的侵略者也赞叹它优越的地缘区位和自然禀赋。一名英国海军上校在信中就曾这样写道:"舟山群岛良港众多……如果英国占领舟山群岛中的某个岛屿,不久便会使它成为亚洲最早的贸易基地,也许是世界上最早的商业基地之一……其价值不可估量。"然而,晚清政府孱弱无能,舟山的岛屿价值和港口优势并没有得到应有的重视和开发。因此,在近代中国百年历史中,舟山一直以"渔都"

存在着，无人梦及"自由港"。

新中国成立后特别是改革开放政策实施以来，舟山开始焕发勃勃生机，它的地缘区位优势与自然地理优势也受到广泛关注。随着改革开放的深化，2011 年 6 月 30 日，国务院正式批准设立浙江舟山群岛新区，舟山成为我国继上海浦东、天津滨海和重庆两江之后设立的第四个国家级新区，也是首个以海洋经济为主题的国家级新区，舟山群岛的开发开放上升成为国家战略。2013 年 1 月 17 日，国务院批复了《浙江舟山群岛新区发展规划》，明确了舟山群岛新区的"三大定位"（浙江海洋经济发展先导区、全国海洋综合开发试验区、长江三角洲地区经济发展重要增长极）和"五大目标"（我国大宗商品储运中转加工交易中心、东部地区重要的海上开放门户、重要的现代海洋产业基地、海洋海岛综合保护开发示范区、陆海统筹发展先行区），舟山的国家战略使命更加清晰。而后，随着我国"一带一路"倡议的提出，2014 年 11 月，李克强总理在考察浙江期间指出，舟山应成为 21 世纪海上丝绸之路的战略支点。殷殷期许承载了多少历史的蹉跎、时代的重托。

根据国际经验和中国的发展目标及具体情况，我们认为，实现舟山的战略使命，关键在于利用舟山的地缘区位优势与自然地理优势，把舟山创建成中国内地首个自由贸易港区。这既是舟山对国务院提出的"三大定位""五大目标"的深入贯彻，也是舟山"四岛一城一中心"建设目标的突破口和核心环节，更是我国发展海洋经济、创建国际竞争新优势的重大举措。

把舟山创建成自由贸易港区，其技术路线图大致是：从综合保税区到自由贸易园区，再到自由港区。具体而言，第一步，建设综合保税区，让舟山先拥有传统的海关特殊监管区。第二步，选择合适的区域建设舟山自由贸易园区，实行国际通行的自由贸易园区政策，实现贸易自由、投资自由、金融自由和运输自由，使之成为中国内地经济活动自由度最高、最活跃的地区。第三步，争取将舟山全境建设成自由港区，实现贸易和投资自由化，成为能与德国汉堡、荷兰鹿特丹、新加坡、中国香港等相媲美的自由港。

　　自由港作为国际通行的一国或地区对外开放的最高层次和最高形态，其建设内容是多方面的，比如推动建立完备的自由贸易区法律体系，建立简洁高效的自由贸易区管理体制，逐步放开海关监管、提高海关工作效率，促进金融制度改革等。同时，这些改革举措如何与国家的宏观制度环境相契合，也需要认真考量和应对。这就需要我们从国家战略的角度，先期进行科学的理论研究和顶层设计。基于这样的思路，从 2013 年开始，浙江大学社会科学研究院设立"浙江大学文科海洋交叉研究专项课题"，组织金融、管理、贸易、法律、生态等相关领域的专家学者，一方面研究借鉴国内外相关经验，一方面深入舟山进行调查研究，多领域、多角度、多层次地提出问题和分析问题，进而为舟山群岛新区"自由港"建设提供理论论证和决策咨询建议。现在，我们将成果结集为"舟山群岛新区自由港研究丛书"，并作为"求是智库"系列丛书之一献给大家，以响应我国"一带一路"倡议和海洋强国战略建设的伟大号召。

　　是为序。

余逊达
2016 年 12 月 8 日

目　录

第一章
自由港与增长极理论^①

第一节　自由港

一、世界自由港发展概述

自由港又称自由口岸,是自由贸易区的一种存在形式,主要特征是"境内关外"。自 1547 年世界上第一个正式命名为自由港的雷格亨(Leghoyn)在意大利设立至今,自由港已有 470 多年的发展历史。自由的含义即不受任何国家的海关管辖,进出口商品原则上不征或只征少额关税,并可在港内自由进行装卸、储存、分类、改装、买卖、加工和制造等,但是外国的船舶必须遵守自由港区所属国在卫生、移民、治安等方面的法律规定。自由港可以根据其自由度或开放度分为完全自由港(现在几乎没有)和有限自由港。有限自由港指向少数指定进口商品征收关税,

---

①　本书成稿过程中,李勇、吴志侠、朱锴治三位在校研究生在基础理论、数据查证和参考文献校验等方面做出了不少贡献,特此致谢。

或实施不同程度的贸易管制,其他产品则享受免税待遇的港口及港口地区。自由港也可以根据范围分为自由港市和自由港区,前者包括港口及所在城市的全部地区,外商可自由居留并从事有关业务,如新加坡;后者仅包括港口或其所在城市的一部分地区,不允许外商自由居留,如德国汉堡、丹麦哥本哈根等。在经济活动日趋国际化、多元化的今天,为了使商品经济和对外贸易进一步发展和扩大,自由港除了提供关税和其他税收优惠外,也在外资、投资政策、外汇、股利汇出、出入境政策等方面提供经济优惠,使自由港在商品进出、资金流动、货币兑换和人员进出往返方面达到最高的自由度。世界自由港的发展历程可以分为三个阶段:第一阶段从 1547 年到二战前,这个阶段主要利用港口的优越地理位置和港口条件,从事转口贸易;第二阶段从第二次世界大战结束到 20 世纪 70 年代末,这个阶段自由港数量扩展缓慢,且主要侧重于扩大自由港的功能;第三阶段从 20 世纪 80 年代至今,顺应全球性开放政策浪潮,自由港作为一种自由度最大、容纳层次最高的特殊的经济区域,为各个国家开展经济贸易合作与交流提供了条件。400 多年来自由港形成了四个典型的发展特点,一是自由港功能从单一化向多样化方向发展;二是自由港的形态由贸易型向综合型方向发展,目前世界自由港的形态主要包括转口贸易型、工商型、旅游购物型和综合型;三是自由港趋向由经济发达地区逐步向经济落后地区扩展;四是自由港逐步由低级阶段向高级阶段或高级化发展,自由港已经出现向技术密集型方向发展的倾向[①]。

张世坤对汉堡港、鹿特丹港和安特卫普港这三个国际自由港进行了横向比较。他认为汉堡自由港对进出的船只和货物给予最大限度的自由,提供自由和便捷的管理措施,贯穿货物卸船、运输、再装运整个过程。[②] 自由港与城市的功能是相互促进的,汉堡自由港转口贸易带动了金融、保险等第三产业的发展,使汉堡成为德国的金融中心之一。鹿特

---

① 洪山.世界自由港的发展及其特点.对外经贸实务,1996(10):32-35.
② 张世坤.有关汉堡港、鹿特丹港、安特卫普港的考察——兼谈我国保税区与国际自由港的比较.港口经济,2006(1):42-43.

丹港的最大特点是储、运、销一体化,通过一些保税仓库和货物分拨配送中心进行储运和再加工,提高货物的附加值,然后通过多种运输方式将货物运往欧洲其他国家,鹿特丹港的发展带给我们的经验是在条件不适合建立自由港的地区,也应当借鉴其自由便利的精神,以先进的自动化技术和信息技术手段来提高效率。比利时的安特卫普港实行一种叫作临时存储(temporary storage)的管理方式。这种海关临时存储区也可以不设在港区内,只需要提前作简易申报即可进行临时存储,而不必报请海关批准。经过海运到达港口的货物,可以在海关指定位置暂时存放45天;以其他方式进入港口的货物,保存期为20天。总之,自由港之"自由"是指在特定的区域内贸易和关税的自由。海关监管的出发点不是通过监管增加税收,而是通过监管和关税协调国家的整个经济发展,促进国际贸易和国际物流的开展。这些特定的区域都以不影响贸易运输活动的便利为原则,采取尽可能简便的手续,建立了一种极为自由灵活的监管系统。值得注意的是,在发展自由港时必须认真考虑港口间的资源禀赋、软硬件设施等差异,针对不同港口因地制宜,有重点地进行自由港的建设。埃及塞得港的衰落就是一个典型的反面例子。1976年,当时的埃及总统萨达特特批塞得港建立"自由城"。埃及政府的设想是把塞得港建成一个商品转口基地和国际贸易中心。但由于埃及政府经验不足,缺乏相应的配套措施,整个塞得港逐渐成为外国消费品的仓库和倾销基地,进口大于出口,国内产品又供应不足,埃及的外贸连年出现高额逆差,迫使政府不得不从侨汇、运河和旅游等方面的非贸易外汇收入中拨出相当一部分用于贴补进口,从而挤占了生产领域的投资,致使本国的民族工业一直无法振兴。后来,埃及政府决定取消其自由港政策。

二、我国自由港发展概述

要想建设好一个现代化的自由港必须具备七个基本条件:具有发达的国际航线及航运市场;具有充裕的集装箱物流;起码成为区域性

的航运枢纽;具有良好的深水港和航运条件;具有完善的现代化的信息管理系统;具有完善的港口经济支撑体系;具有一套符合国际自由港惯例的自由港制度[①],而我国发展自由港的必要性则主要有四点:第一,建立自由港是我国港口参与国际竞争的需要;第二,建立自由港是吸引中转货源与提高港口吞吐量的必然要求;第三,自由港是解决我国港口多头管理问题的有效途径;第四,自由港是我国经济贸易可持续发展的动力。就目前来看,制约我国自由港建设的因素不是硬件设施,而是法律、政策等软环境还不是特别成熟。

我国近年来设立的保税港区是自由港的雏形,其远期目标是形成具有全面保税功能且与国际惯例接轨的自由港。我国设立的保税港区是经济自由区的一种表现形式,向建设国际先进自由港迈出了积极的一步。我国保税区的成长,是一个努力与国际惯例接轨的过程,从历史和发展的角度看我国保税区的发展:第一阶段兴建与初步发展,以各保税区根据自身实际制定条例为主要标志;第二阶段快速发展与功能趋于成熟,以《保税区海关监管办法》的颁布为标志;第三阶段是战略调整与体制转型,以加入 WTO 为主要标志。[②] 研究者李茂江和李永新认为"港区一体化"是保税港区最明显的优势特征,通过将保税区的优惠政策放大到港口作业区、保税物流园区和临港工业区,为全面发展国际中转、国际配送、国际采购、国际转口贸易和出口加工创造了优越条件。[③] 自 2005 年 6 月以来,国务院已经批准设立上海洋山、天津东疆、大连大窑湾、海南洋浦、宁波梅山、广西钦州、厦门海沧、青岛前湾、深圳前海湾、广州南沙、重庆两路寸滩、江苏张家港和山东烟台 13 个保税港区。其中,上海洋山保税港区是国务院批准的国内首个保税港区。作为国际航运发展综合试验区,洋山保税港区不但适用保税区、出口加工区、保税物流园区现行的各类特殊政策,而且也是我国探索枢纽港建设和特殊监管区功能培育和政策创新的试验区。现

① 李力.融资租赁助推造船业回暖.港口经济,2014(7):25.
② 刘辉群.中国保税港区发展及其功能创新.国际商务研究,2018(3):7-10.
③ 李茂江,李永新.青岛自由港建设问题研究.港口经济,2010(11):41-44.

有的优势政策和监管便利包括：一是对境外运入的企业所需机器、设备、燃料、基建物资等免征关税和进口环节税；二是区内企业生产供区内销售或运往境外的产品，免征区内加工环节的增值税；三是国内货物进入保税港区视同出口，实行退税；四是从国内其他港口启运经洋山保税港区中转的货物，在离开启运地时即可办理退税；五是对在洋山保税港区内注册的企业从事国际航运、货物运输、仓储、装卸搬运业务取得的收入，免征营业税。天津东疆保税港区是目前中国最大的保税港区。保税港区主要开展国际中转、国际配送、国际采购、国际转口贸易、出口加工和港口运输装卸等业务，以及与之配套的金融、保险、代理、理赔、检测、进出口商品展示等服务业务。大连大窑湾保税港区，涵盖大连保税物流园及大连港集团所属的集装箱、汽车码头等多个专业化码头，具备港口、物流、加工和展示四大功能，重点发展港口作业、国际中转、国际配送、国际采购、转口贸易、出口加工、商品展示等七大功能性业务。

我国自由港建设的关键在于提升港内的自由度，形成符合国际惯例的运作机制和管理体制，创造吸引商品、信息、转口贸易商等可转口性要素集聚的软环境。

第二节　增长极理论

增长极（growth poles）理论是一种经济非平衡增长的理论。20世纪四五十年代，西方经济学界爆发了一场关于经济是否是平衡增长的大讨论，部分经济学家发表了一些经济为非平衡增长的论述，增长极的思想从其中脱颖而出。经过多年的演变，增长极理论的发展不断延伸，已成为区域经济研究中的热点，为区域发展和制定区域经济发展政策提供了一个重要的理论视角。

一、佩鲁的增长极理论

1950年,法国的区域经济学家弗朗索瓦·佩鲁(Francois Perroux)发表论文《经济空间:理论与运用》,提出了"经济空间"理论,这也成为"增长极"理论的研究开端。他从数学特别是几何学定义抽象空间的思维中得到启示,认为经济学也应该注重经济空间的研究,才能更好地解释当今世界经济活动中的无数离域现象。他认为,经济空间是存在于经济要素之间的经济关系,并归纳了三个具体的考察角度:①以计划限定的经济空间。其中计划指的是存在于企业、供给者和购买者之间的一组关系安排。②作为力场的经济空间。经济空间中存在着发散离心力和向心力的"中心"(或"极"或"焦点"),而每个"中心"拥有各自的固有力场。③作为同质集合体的经济空间。这里的同质性与经济单元、经济单元的结构,以及经济单元之间的关系有关。值得强调的是第二种角度,从这一角度出发,经济空间其实是由一些"中心"和力的通道构成的。在以力场分析国家空间的论述中,佩鲁提到,国民经济空间是由一些发散或接收力的中心或极形成的力场。以企业为例来说,将其看作一个发散引力和斥力的"中心",它能促使人或物(经济要素)在其地理空间上聚集或迁移。但佩鲁认为,经济空间区别于传统的地理空间,而且很大程度上独立于地理空间。

此后,佩鲁陆续发表了一系列论文和专著,进一步阐述和完善其思想。他认为,无论是发达国家,还是发展中国家,都根本不存在均质的增长和空间均匀分布的增长,即"增长并非同时出现在所有地方,它以不同的强度首先出现在一些增长点或增长极上,然后通过不同的渠道向外扩散,并对整个经济产生不同的最终影响"[1]。

---

① Francois Perroux. Economic Space:Theory and Applications. Quarterly Journal of Economics,1950(64):89-104.

　　增长和发展与地域中的集团有关,也与投资、人口、贸易、信息在某些特殊方面的集中有关。"如果一个集团在其所处环境中引起不对称的增长和(或)不对称的发展现象,而且这些增长与发展现象至少在一个时期中是相反的而不是同步的,那么,我们就可以将这个集团称之为一个增长的极或发展的极。"①这个集团能够像磁铁一样,利用其吸引力吸引原材料和劳动力,通过产品的供给,实现进一步的扩张,同时为经济行为者提供了新的投资机会,其视野得到扩大,进一步刺激了信息和消费需求。此时,这个集团在某种程度上起到了推进器的作用,成为一个推进性单位。而在不同技术领域(包括制造、组织、运输、人力资源的培养)交界面的相互作用下,这个推进性单位产生的一系列联动反应将得到增强。在各种互补因素的联合行动下,推进性单位并不是单一地动员短期内的闲置资源,而能够长期产生"推进效应"。其中推进效应不仅指物质生活水平的提高,也指社会及所有成员文明水平的提高。增长伴之以各种结构变化,增长极具有支配能力和创新特征,能够形成一定范围的"经济空间",并对其他经济单位施加影响。

　　佩鲁认为,增长极对其他经济单位的影响主要表现为吸引作用和扩散作用,可分为四个方面:一是技术的创新与扩散。在增长极中,具有创新能力的企业不断进行技术创新,一方面从其他部门吸引技术和人才,另一方面又将自己的技术推广出去,从而对其他区域产生技术影响乃至结构性影响。这种情况也被称为"示范效应"。二是产生规模经济效益。增长极内会发生产业集聚的现象,从而形成庞大的生产规模,导致规模经济。这可以其自身获利能力增强,获得内在的经济效益,同时由于基础设施的建设与完善,服务及中介机构的建立,人才的相互利用等,使其他部门或地区共同受益,降低生产成本,形成外部经济。三是资本的集中与输出。增长极可以从其他区域和部门引进大量的资本,进行大

---

　　① Francois Perroux. Note on the concept of 'growth poles'. In I. Livingstone(ed.) Economic Policy for Development:Selected Reading. Harmondsworth:Penguin Books Ltd. ,1971.

规模投资,满足自身发展的需要;同时也可以向其他区域和部门输出资本,支持其发展,并满足自身需要。四是形成集聚经济效果。"增长极的产生,使得人口、资本、技术等生产要素高度集聚,产生'城市化趋向',形成经济区域。这些因此形成的大城市或经济区域往往是生产贸易、资金融通、交通运输及服务决策等中心"[①],推动周边区域乃至整个国家的发展。

佩鲁的增长极研究根本上是以产业为主体的研究,并对工业发展给予了充分重视。他认为工业一般比农业拥有更高的生产率和生产增长,在革新方面也更具有领先位置和方向性。工业首先产生革新,然后转到农业部门,并且一旦一个主要和先进的工业部门建立起来,其技术和经济方面的革新便会朝着明确的方向进行。

二、布代维尔对增长极理论的发展

佩鲁的增长极思想在区域经济领域引起了人们的密切关注,很多学者对其进行了解释和修改,其中以佩鲁的学生、法国经济学家布代维尔(J. R. Boudeville)在理论方面影响最大。20 世纪 60 年代,他强调经济空间的地理结构和区位关系,提出"经济空间是经济变量在地理空间之中或之上的运用",从而将增长极的概念范畴扩大,从抽象的经济空间拓展到地理空间。

布代维尔将增长极与现有的城市体系紧密结合,认为在检查区域环境时,增长极实际上是经济活动在地理上集聚的极。他指出"增长极是在城市区域配置不断扩大的工业综合体,并在其影响范围内引导经济活动的进一步发展",正式提出了"区域增长极"的概念[②]。"由于外部经济和集聚效益,形成增长极的工业在空间上集中分布,并与现存城市结合,

---

① Boudeville J. R. Problems of Regional Economic Planning. Edinburgh:Edinburgh University Press,1996.

② Boudeville J. R. Problems of Regional Economic Planning. Edinburgh:Edinburgh University Press,1996.

一起推动区域经济发展。"布代维尔完善后的增长极理论可以从两个方面理解,一方面是经济空间的某种推进型产业,另一方面则是地理范畴的中心区位,即增长中心,常以产业集聚的城镇的形式出现,具有高创新能力、高增长率。

受佩鲁"经济空间"理论的影响,布代维尔也对"经济区域"展开了研究,并将其划分为三种类型:同质区域、极化区域和计划区域。其中,需要指出的是计划区域,它与佩鲁的"计划"不同。它指政府的计划和政策的实施区域,突出了关联区域的政治性。在布代维尔的研究中,市场和政府均可以在增长极形成过程中发挥作用,成为促使增长极生成的责任主体。布代维尔将抽象的经济空间转变成了具有可操作性的区域模式,这种对于增长极的阐述,虽然过于具体化和地理化,但十分便于区域规划政策制定者所理解和接受,为解决落后和衰退区域的增长问题及发展中国家的发展问题提供了一种思路,在实践中被广泛运用。

三、缪尔达尔和赫希曼对增长极效应的研究

瑞典经济学家缪尔达尔(G. Myradal)在研究发达地区与不发达地区经济发展时,提出了"回流效应"和"传播效应"。"回流效应"一般包括劳动力尤其是熟练的和受过训练的劳动力,稀缺的资本和通过不平等贸易获得商品从欠发达地区流入发达地区;"传播效应"指各种生产要素从工业中心传播到非工业中心,从经济增长的中心传播到其他欠发达地区。但是与佩鲁只强调增长极的正面效应不同,缪尔达尔强调了经济发达地区或增长极对经济不发达地区的负面效应。他运用"循环累积因果关系"进行分析,认为在市场机制的自发作用下,回流效应大于传播效应,会产生"穷者越穷,富者越富"的马太效应,拉大经济发达地区与不发达地区的经济发展差距,从而形成"地理上的二元经济"。

美国经济学家赫希曼(A. Hirschman)也提出了类似的观点,即增长

极产生"极化效应"和"涓滴效应"。① 特别需要指出的是,他还提出了"联系效应",即在一国的社会经济中,各个产业之间存在着相互联系和相互影响的依存关系。一般来说,"联系效应"可以分为:前向联系,指推进型产业通过供给联系与其他产业部门发生的关联影响;后向联系,指通过需求联系与其他产业部门发生的关联;侧向联系,指通过产中服务联系与其他产业部门发生的关联。这些关联影响通过乘数效应推动相关产业的快速发展,使经济活动和经济要素产生极化,并通过产品、资本、人才、技术、信息的流动,对周边区域经济的发展产生扩散作用。

第三节　增长极理论研究综述

一、增长极的内涵与分类

佩鲁首先提出了增长极的思想,开创了增长极理论,而布代维尔将增长极进一步延伸与完善。佩鲁重视对抽象的经济空间的研究,在佩鲁看来,增长极是一定时期内在经济空间中起支配和推动作用的一个或一组推进型经济部门,它具有较强的创新能力和增长潜力,并通过外部经济及产业间关联的乘数扩张效应,推动其他产业的增长和周边区域的发展。因此,佩鲁所讨论的增长极实际上是与推进型产业(主导产业)相联系的,强调推进型企业或产业的作用,但过于抽象,忽视了增长极的负面影响;而布代维尔重视对经济区域的研究,强调增长极的地理区位属性,在检查区域环境时,将增长极与现有的城市体系紧密结合,认为增长极实际上是经济活动在地理上集聚的极,指出"增长极是在城市区域配置

---

① 赫希曼.经济发展战略,北京:经济科学出版社,1991.

不断扩大的工业综合体,并在其影响范围内引导经济活动的进一步发展"[1],将增长极从经济空间拓展到了地理空间。增长极两种界定的区别,从本质来说在于认定的推进性单位存在差异。按照推进型单位的不同,增长极主要可分为两类。

1. 产业增长极

将推进型产业或同一产业的一组企业作为增长极,实际上是从经济意义上对其进行定义。推进型产业一般具有四个特点:第一,规模大、规模经济效益明显,这使得厂商的投资成本相对较低,同时由于企业的集中,生产成本和市场交易成本也会降低,在这样的条件下,厂商具有市场优势,某些特定厂商较易发展成为龙头企业,从而进一步推进产业的集中,使得推进效应更加集中和明显。第二,增长快速、发展潜力大,此产业具有较高的增长率,其产品符合经济性和社会需求,拥有广阔的市场。第三,技术先进,创新能力强,相比于其他产业,推进型产业在技术发展上更具优势,并且创新的空间较为广阔,使得此产业具有较高的成长性。第四,具有较高的产业关联度,推进型产业的快速发展会产生强大的需求,产业间的关联效应会带动较多相关产业的发展。分析 20 世纪 90 年代以来的世界产业发展格局,电子信息产业便是极具代表性的推进型产业。

2. 区域增长极

将具有高创新能力、高增长率的中心区位作为增长极,实际上是从地理意义上对其进行定义,也可以称为城市增长极。作为增长极的空间单元,核心是既要通过资源优先配置的原则,将特定的地理区位作为增长中心,促进其经济迅速成长,又要使该地理区位的发展能够有效带动整个区域的共同发展。这些城市或城市群具有区位优势、资源优势和市场优势,生产要素在此中心区位上集聚,自身得到迅速发展,同时通过生产要素的流动,使得城市中心的发展成果"外溢",对周

---

① Francois Perroux. Economic Space:Theory and Applications. Quarterly Journal of Economics [J],1950(64):89－104.

围腹地的经济增长产生推动作用,例如增加就业机会、提高边际劳动生产率和消费水平、推动技术进步等,使周围区域也能分享中心区位发展带来的收益。

事实上,增长极的产业内涵和区域内涵并不矛盾,因为产业增长极不可能脱离地理空间而存在,而区域增长极也必须以相关产业作为发展的支撑。只要赋予经济单位一定的区位含义,经济流在经济空间和地理空间上的移动就会互为投影。所以,本书所讨论的增长极,既包含产业内涵,也包含区域内涵,指在一个中心区位上,存在某种推进型产业,形成产业集聚,本产业迅速发展也带动了相关产业的发展和所在区位经济的普遍增长,中心区位的周边区域也受到了相应的辐射作用。

二、增长极的作用机理

通过佩鲁、布代维尔、缪尔达尔和赫希曼对增长极作用或效应的相关论述,可以发现增长极效应实际是多种效应的复合体,它主要通过极化效应(见图 1.1)和扩散效应(见图 1.2)两种方式发挥作用。极化效应指由于增长极产业的发展,产生吸引力和向心力,促成劳动力、资本、技术等生产要素向增长极聚集;扩散效应指生产要素从增长极向周围腹地扩散,对周边经济发展起到促进、带动作用。在增长极产生和发展过程中,极化效应与扩散效应共存,只不过在发展的初期阶段,极化效应占据主导地位,当增长极发展到一定程度后,其实力和规模不断扩大,极化效应减弱,扩散效应逐渐增强(见图 1.3)。至于这两种效应的具体变化情况,不同的增长极可能存在差异,这与增长极及腹地的发展基础和后续发展情况密切相关,所以需要对具体问题进行具体分析。

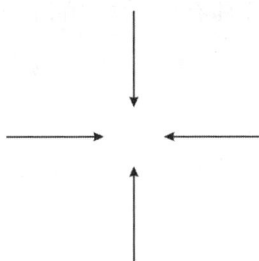

图 1.1　极化效应　　　　　图 1.2　扩散效应

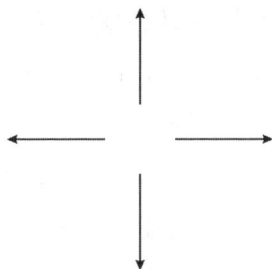

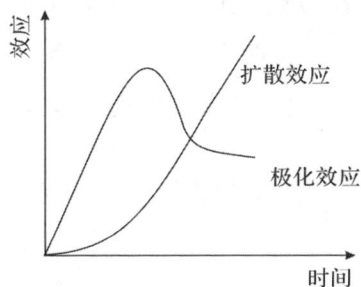

图 1.3　增长极极化效应与扩散效应变化

三、增长极形成的条件

在论述增长极形成的条件时,佩鲁在一定程度上继承了熊彼特的"创新"理论,认为增长极的形成至少需要三个条件,即"具有创新能力的企业和企业家,一定的规模经济效益,良好的投资环境和生产环境",而由于佩鲁的增长极研究实际上是以产业为主体的研究,所以准确地说以上三点应为产业增长极的形成条件。我国研究者李碧宏对其表述略有改动,认为"该地区在投资和生产经营环境方面具有区位优势;该部门多数企业及企业管理者具有技术创新能力;该行业规模经济效益非常显著"①。我国学者陈自芳在讨论增长极结构形态时指出,作为空间单元的增长极应符合三个条件,即"优势主导产业集聚与壮大;产业的关联性

---

① 李碧宏.产业集聚与增长极的形成——以重庆为例.重庆:西南大学博士学位论文,2012.

强,主导产业对于区域内的主要产业部门具有带动作用;良好的城镇综合环境",并提到增长极的开发应考虑其区位条件,包括地理位置、生产要素条件和市场需求。[①]

笔者认为,推进型产业已包含了规模经济效益、产业关联性强等特点,在条件里单独指出的话有所重复,不够简洁明了,而具有创新能力的企业和企业家这一点实际上是推进型产业形成的重要因素,单独指出层次有点不清晰。所以,为简化表述,也为了对应增长极的产业内涵和区域内涵,在结合以上三者的基础上,笔者对增长极的形成条件进行了概括,认为增长极的形成应具备两个主要条件:第一,存在可成长为推进性产业的产业;第二,此地区拥有良好的综合环境条件。

四、增长极理论主张

增长极理论是区域发展理论的一个重要突破,虽然并不成熟,也存在争议,但很多国家和地区已尝试用它来指导区域发展规划和相关政策的制定。一部分产生了良好的效果,例如,巴西将首都从里约热内卢迁到中部的巴西利亚,并在北部设置自由贸易区,成立东北银行和东北教育基金等,促进了巴西中部和北部地区的经济发展;意大利南部地区通过完善基础设施建设吸引大型推进型产业来带动其他产业的增长,使东南地区的经济状况大为改善。但也有较多国家或地区极化效应突出,传播效应不足,不仅没有带动周围地区的发展,反而扩大了增长极腹地与中心区域的经济差距。为解决此问题,部分学者提出应该通过政府的干预措施强化其扩散效应。实际上,我国的区域开发也已经引入了增长极的思想,将其作为一种政策工具运用,例如曾经兴起的市带县体制,以及现今的开发区、新区等。

增长极理论的内涵是把有限的要素资源集中投入少数创新能力强、高成长度、规模经济效应明显的部门或区位,使其成为经济实力强的极,

---

① 陈自芳.区域经济学新论.北京:中国财政经济出版社,2011.

这就与周围区域经济形成一个势差,通过市场体制中的传导力量与外溢作用引导整个区域经济的发展。在这个经济非平衡增长的过程中,创新将起到重要的作用。需要强调的是,增长极的形成是一个市场机制和政府的计划机制共同参与的过程,它既是一个自发过程,也是一个可控过程。其中,政府的作用是通过经济计划和重点投资,鼓励并促进推进型产业的形成与创新发展,改善增长极所在区位的综合环境。具体来说,可以采取引进外资、提供补贴及优惠、开辟新的工业园区、开发新矿产和能源、基础设施建设、鼓励技术创新等措施。

第四节　海洋经济与海洋产业的增长极条件

"海洋经济"是相对于"陆地经济"而提出的,20 世纪 70 年代初,美国学者在综合相关研究的基础上首先提出了"海洋经济"这一术语。经过近半个世纪的发展,"海洋经济"增长极的形成需要吸引生产要素及生产部门在某一地理区域的集中,当然集聚可能有其一定的历史原因,但良好的环境条件也是增长与发展的必要条件,它能够保障推进型产业的稳步成长与不断发展,并促进整个区域的经济发展。综合环境条件包括一个地区的自然地理环境、基础设施环境、政治环境、金融环境、科技教育环境等。资本运行的价值追求就是增值,就是利润的最大化,投资主体到异国他乡投资并开展生产活动,其根本目的就是为了获得资本的升值和预期的经济利益。而良好的综合环境便于投资活动和生产经营活动的展开,保障了厂商能够稳定地获取更大的利益。所以,具有良好综合环境条件的地方,本身就是要素集聚优势比较明显的地方,其在区域中的竞争力较强,从而也会吸引更多的要素集聚,渐渐地形成一种良性循环,保障推进型产业及其相关产业在本地区能够稳定发展,不断扩大投资、提高规模经济效益。因此,增长极的培育与开发应格外注意综合环境条件的改善。在地区综合环境的建设中,地方政府承担着主要的责任,需要付出更大的努力。而环境条件具有的动态性和可塑性为政府采取各种措施改善综合环境条件提供了可能。

关于海洋经济,一直没有一个统一的定义。国务院发布的《全国海洋经济发展规划纲要(2003)》中提到,"海洋经济是指开发利用海洋的各类产业及其相关活动的总和"。美国海洋政策委员会在《美国海洋政策要点与海洋价值评价》中指出,"海洋经济是直接依赖于海洋属性的经济活动,或在生产过程中依赖于海洋作为投入,或利用地理位置优势,在海面或海底发生的经济活动"。孙吉亭指出海洋经济是"对海洋及其空间范围内的一切海洋资源进行开发和再开发的产业活动或过程",包括"海洋产品的生产、交换、分配和消费环节在内的再生产过程"。[①] 各种定义虽然具体表述不同,但表达的意思十分相近。海洋经济本质上就是开发、利用、保护海洋的各类产业活动及其相关活动的总和。

对于海洋产业的概念,不同学者也从不同角度进行了界定。《海洋学术语——海洋资源学》(GB/T 19834—2005)中指出,海洋产业是"人类开发利用和保护海洋资源所形成的生产和服务行业"。殷克东、方胜民认为,"海洋产业是人类开发利用和保护海洋所进行的生产、服务、管理活动","海洋产业和海洋相关产业共同组成海洋经济"。他们认为,"根据与海洋的关联程度和重要程度,海洋经济可分为三个层次,分别是核心层、支持层和外围层"。[②] 主要的海洋产业属于海洋经济的核心层,海洋科研教育管理服务业属于海洋经济的支撑层,海洋相关产业则属于海洋经济的外围层。此外,根据产业属性,即经典的海洋三次产业划分法,海洋产业可划分为海洋第一产业、海洋第二产业、海洋第三产业。海洋第一产业包括海水灌溉农业、海底林业、海洋渔业等,海洋第二产业包括水产品加工业、海洋药物工业、海洋化工业、海洋装备制造业、海洋建筑业、海洋电力业等,海洋第三产业包括海洋交通运输业、海洋金融业、滨海旅游业及其他服务业。

需要指出的是,海洋经济实质上是经济中直接或间接涉及海洋的部

---

① 孙吉亭.海洋经济理论与实务研究.北京:海洋出版社,2018.
② 殷克东,方胜民.中国海洋经济形势分析与预测.北京:经济科学出版社,2010.

分,海洋产业也类似。海洋经济是经济的一部分,在某些地方还可能是经济比重较大甚至占主导地位的一部分。这里的关键点在于海洋,因为并不是所有地区都邻近海洋,所以海洋经济发展的区位性更加凸显。例如,我国舟山海洋产业发展的目标就是在长江三角洲地区建成经济发展的重要增长极。增长极理论作为一种区域发展政策工具,强调区域的经济发展并不平衡,并且是由增长极带动的,即由一个地区的增长引发其他地区增长的方式进行。这个过程的关键在于要素资源在某一空间范围内实现集聚,并能够在这个不平衡发展过程中进行有效的协调与重组。如果它们能够合理、有机地组合在一起,不仅能够促进产业发展,也能够推动此空间范围及周边地区经济的普遍增长。根据增长极理论,增长极的形成具有一系列的条件或影响因素,笔者认为形成增长极需要具备的条件主要包括以下三点。

一、增长极条件 1:企业和企业家

市场经济的根本问题是资源的优化配置,这首先是企业家的职责,因为企业家是在要素组合中创造新的生产力的人。经济增长是在不同部门、行业或地区,按不同的速度不平衡增长的。原因在于:某些"推进型产业"(主导产业)或有创新能力的企业在一些地区或城市的集聚和优先发展,从而形成恰似"磁场极"的多功能的经济活动中心——增长极,进而形成经济区域和经济网络。在市场经济条件下,经济增长是有周期的。这种周期性的物质技术基础正是技术创新。在每一个经济周期中,重要的技术创新一旦出现,必将在社会上引发模仿及商业化应用,从而掀起技术创新的浪潮,使边际利润扩大,经济走向繁荣。但当较多的企业实现模仿后,产量大幅度增加,价格下降,边际利润收缩,众多企业亏损或倒闭时,创新浪潮消失,经济从繁荣走向萧条。经济衰退又迫使企业寻求新技术,刺激技术创新的浪潮再度兴起,从而推动新一轮的经济增长。所以说,是技术创新打破了经济均衡状态,使经济增长处于一种"均衡—非均衡—新均衡"的动态均衡之中,不断推动经济增长。

二、增长极条件2：实现集聚经济效益

增长极扩散带来集聚,通过扩散效应带动周边地区的发展,由于地理上的原因及创新和技术的扩散作用,会逐渐形成以城市某些产业为龙头的产业集群,在某个拥有特定优势的区域,形成一个地区生产系统。在系统中,每个企业都因与其他关联企业接近而改善自身发展的外部环境,并从中受益,结果系统的总体功能大于各个组成部分功能之和。

经济发展是由增长极带动的,即以由一个地区引发另一个地区增长的方式进行的。区域经济发展是不平衡的,关键是不平衡发展过程中资源配置能够在不断增长的空间范围内有效协调与重组,如果能够实现它们之间合理、有机的组合,会有效地促进区域经济的发展。

三、增长极条件3：投资环境和生产环境

从环境要素特征的角度进行划分,可以分为具有物质形态的"硬环境"和没有物质形态的"软环境"。所谓硬环境,是指与投资活动直接相关的物质条件,是有形要素的总和。它包括地理条件、自然资源、基础设施,如交通运输、邮电通信、供水供电、环境保护、社会服务等生产经营中必须具备的种种条件。而投资的软环境包括政治、经济、法律、社会文化等无形的要素,如引资方的政策法律、管理体制、思想观念、服务水平、政府机构行政效率等。

资本运行的价值追求就是增值,就是利润的最大化,例如投资主体到异国他乡投资,其根本目的就是为了获得资本的升值和预期的经济利益。因此,投资者不仅关心引资方的自然资源、交通通讯等基础性的硬环境,更关注引资方的政治稳定、政策法律、政府的办事效率等投资的软环境。良好的投资环境有赖于地方政府的努力;而良好的生产环境则不仅有赖于地方政府的规划,而且必有一定的地理和历史原因。

第二章
自由港与海洋新兴产业发展的成功案例

　　自由港对一个地区甚至一个国家外向型经济的发展起到重要的作用,大致有三个方面:一是从自由港的功能性来看,提高港口对船东、货主的吸引力,扩大港口吞吐量,大大提高港口的中转功能。二是自由港平台型功能。自由港的发展会促进港口向综合性、多功能方向发展,使港口成为经济中心,也为当地区域围绕港口形成新兴产业提供平台。三是自由港的政策性平台作用。自由港建设可最大限度地适应国际贸易灵活性的要求,提高贸易中各方的经济效益,促进自由港及毗邻地区的就业和第三产业的繁荣等。因此,从自由港的作用来看,自由港建设的意义可概括为两点。

　　第一,自由港建设为海洋新兴产业发展提供新的平台。大力发展海洋新兴产业需要在更大范围进行资源配置。海洋新兴产业的发展需要适应经济全球化的新形势,实施更加积极主动的开放战略,需要采取更加自由的贸易政策,包括建立自由港等措施,打造开放的新平台,汇集全球优质要素资源。

　　第二,自由港建设为海洋新兴产业发展提供保障。国家"十二五"发展规划纲要提出,要"坚持陆海统筹,制定和实施海洋发展战略,提高海洋开发、控制、综合管理能力"。海洋经济最为显著的特征就是开放型经济,需要不断地提升开放范围和开放层次,以满足海洋经济发展日益深入的需要。舟山群岛新区作为我国首个以海洋经济为主题的国家战略层面新区,符合国家对于海洋经济发展试点和先导的需要,可以带动浙江海洋经济的发展,增强"长三角"地区的综合竞争力,更好地完成新区承担的国家战略和历史使命,而自由港作为当今世界最为开放的一种形式,亦应成为我国发展海洋经济、建设海洋强国的一项重大开放配套模式。

因此,研究自由港建设如何带动海洋新兴产业发展是必要的,本书以此为逻辑,收集了三个主要自由港的建设及其产业发展的特点(见表2.1),以总结和揭示其内在关系。

表 2.1　三大自由港比较

	三大港口		
	汉堡	济州岛	杰贝阿里
港口功能	转口贸易型	旅游型	工商型
主要产业	货物装卸与存储	旅游业、教育产业、尖端科技业、医疗产业及房地产	加工制造和贸易
运营模式	完全市场化,不设立港务局	单一型管理机制(政府设立专门机构)	港口与自贸区一体化运营
自由港政策	单一、集中在航运方面	税收减免	
成功经验	高效的物流网络、优越的地理位置、其他增值服务	明确定位、政策支持、创新思路	地理和自然优势、政策优势、配套设施完善、合理的运营机制

第一节　转口贸易型自由港——汉堡

汉堡是德国三大州级市之一,也是德国最重要的海港和最大的外贸中心、德国第二金融中心,是德国北部的经济和文化大都市。汉堡位于易北河下游、阿尔斯特河和比勒河汇合处,距北海 110 千米。汉堡地处中欧,地理位置优越,竞争优势明显。汉堡港口面积约 100 平方千米,其中水域面积 37.8 平方千米,陆地面积 62.2 平方千米。码头全长 65 千米,拥有 500 多个泊位,大小码头 63 个。汉堡自由港在1888 年 10 月15 日正式建立。作为一个国际性港口,汉堡自由港主要以码头作为块状分布单位,有四个集装箱码头,分别为 Altenwerde 集装箱码头(CTA)、Burchardkai 集装箱码头、Eurogate 集装箱码头、Tollerort 集装箱码头。

一、主要产业

航运服务业是汉堡自由港的主要产业。汉堡港口的发展直接带动了航运业的发展。汉堡有通往世界各地的班轮航线 310 条,其中集装箱班轮航线超过 100 条,每月平均有 570 艘班轮驶往世界 800 多个港口。汉堡港的定期航班之多居世界各港之首,因此,6000 多万吨吞吐量货物中,五分之一至四分之一属外贸中转。

港口的发展很好地拉动了临港工业的发展。汉堡的临港工业包括传统的造船业、提炼业,也包括航空工业、电子工业等。临港工业利用港口在运输、成本、劳动力等方面的优势,得到了充分的发展。货物装卸与存储现在仍是汉堡自由港的主要产业。

另外,为港口运营和国际贸易服务的金融、保险、船代、货代,以及信息服务业发达。汉堡是德国保险业中心和第二大金融中心。此外,汉堡自由港是促进汉堡经济发展的引擎。自由港内有近千家企业,从业人员超过 4 万人，其中港口员工近万人。每年通过装卸、存储、加工和相关服务创造了大量就业机会。

二、运营模式

灵活多样的港口经营方式是汉堡港保持活力的一个重要因素。政府的主要职能是在政策法规上对港口建设发展规划与管理进行宏观调控。政府与私人企业之间的关系主要通过汉堡港口经营者协会和汉堡市场及公共关系协会协调。汉堡港的运作很大程度上是市场化的，这大大提高了港口的运作效率，充分调动了各方资本的积极性。

汉堡港至今还没有设立港务局，这也是港口管理的主要特点之一。汉堡是德国的一个直辖市，也是一个州，汉堡州有自己的议会和政府，负责汉堡港的事务。汉堡港的日常管理由汉堡州的经济和劳工事务部负责，其主要职能包括：①制定港口的法律框架，确定港口活动方向；②规划并建设基础设施，租赁给经营者；③建设和维护港界范围内的港口基础设施，疏浚港池和港内航道；④制定港内交通规则；⑤对进出港和靠泊码头锚地的船舶，以及装卸作业进行安全管理监督包括港区消防；⑥引领进出港船舶，掌握在港与进出港口船舶的动态；⑦征收港口使用费。

汉堡港是一个鼓励港内不同公司相互竞争的港口，无论是码头集装箱或其他货种的装卸公司，还是货运代理或是提供各种服务的其他公司都是可以相互竞争的。这些经营者从汉堡州政府租用土地，负责所有上部设施的投资，包括起重机、集装箱桥吊、跨运车等机械设备，以及码头的面层及仓库、堆栈、办公楼、铁路支线、道路等其他设施。码头租用者要同时向政府支付两笔租金，即土地租用费和码头岸壁租用费。在所有公司中 HHLA 是最大的，它是由汉堡州政府 100％控股的，但按私人方式运作，因而在汉堡港扮演着举足轻重的角色，汉堡州政府也以此来调节汉堡港的经营活动。

治理架构方面，汉堡港"港区合一"，成立经政府授权的专门机构，负责治理和协调自由商业区的整体事务。汉堡自由港对进出的船只和货物给予最大限度的自由，这种自由贯穿货物卸船、运输、再装运的整个过程，以转口商业带动了金融、保险等第三产业的发展。

三、自由港政策

船只进出汉堡自由港无须向海关结关，航行时只要在船上挂一面海关关旗，就可不受海关的任何干涉；凡进出口或转运货物在自由港的装卸、转船和储存不受海关的任何限制，货物进出不要求每批货物立即申报与查验，甚至 45 天之内转口的货物无须登记，货物储存的时间也不受限制；货物在自由港区内可任意进行加工和交易而不必缴纳增值税，货物只有从自由港输入欧盟市场时才需向海关结关，缴纳关税及其他进口税。只要能提供有关单证，海关就会区分管理，视同在欧盟境内另一口岸已完成进入欧盟手续，到汉堡只是为了完成物流流程。

四、成功经验

2013 年是欧洲海运历史上重要的一年。以自由贸易政策著称的汉堡港率先取消了其自由贸易政策。因为随着欧洲经济政治的发展，许多因素的变化导致汉堡自由贸易区已经丧失部分其原先的功能。首先由于欧盟已经形成了单一市场，其他那些只和非欧盟国家挂钩的货物份额已经大大下降。另外，由于 WTO 和其他双边贸易协定的关系，即使是对非欧盟国家货物的关税也已经显著下降。再者由于海关法和消费税的变化，自由港区中货物申报豁免的特权已经不再适用了。此外，办理自由港区的入界手续经常导致交通堵塞，会拖累整个物流链的运转。随着世界其余港口的建设，汉堡自由港的集装箱吞吐量在世界港口的排名已大不如前。2012 年汉堡的大集装箱吞吐量排名世界第 14 位，而到了 2016 年已降至第 17 位。汉堡取消自由贸易港的决定是内外环境共同作用的结果，但是汉堡自由港明确的功能与优越的地理位置、优惠的关税条件,以及高效的管理环境与完善的监管手段仍然值得后来的自由港建设者借鉴。

1.高效的物流网络

汉堡港铁路货运量、集装箱运输量高速增长,背后的支撑力量主要来自于汉堡港居于欧洲的铁路货运网的地位。汉堡港在港口附近和腹地建立了多个中转枢纽,这些运输和物流发展理念整合了包括铁路、货车、集散船及驳船在内的多种运输模式。这些物流网络保证了港口的运送效率,加大了港口的吞运能力。汉堡港的成功不是单一依靠强大的海港运输系统,高效的铁路、公路枢纽中心作为港口的配套也是必不可少的。

2.优越的地理位置

港口的地理位置对工业、贸易、金融和其他行业都会产生影响,因此自由港的地理位置是十分重要的。港口因经营活动产生的大量的人员、物资、信息、资本的流动都会受其地理位置制约。

3.其他增值服务

通过自由港的建设,汉堡港变成了一个船舶中转地,而大型的船舶修理、租赁服务可以为自由港提供新的产业发展方向。同时由于要为过往船舶提供燃料供应,所以带动了当地石油产业的发展。

第二节　旅游型自由港——济州岛

济州岛总面积1845平方千米,是韩国最大的海岛,东西长73千米,南北宽41千米,是个呈椭圆形的岛屿,海岸线长256千米,是一座典型的火山岛,120万年前因火山活动而形成。岛中央是因火山爆发而形成的海拔1950米的韩国最高峰——汉拿山。济州岛具有得天独厚的自然环境,由蔚蓝的大海、壮观的瀑布、黄金的沙滩组成的秀丽海岸线令人称奇。济州岛的地质是由堆积岩层、玄武岩、火山暗流及因火山活动而形成的火山碎屑岩等构成,属于典型的熔岩洞窟地形。济州岛更以独特的岛屿文化著称,民俗文化丰富多趣,无疑是世界旅游胜地之一。

一、主要产业

济州岛的发展目标是通过建设休闲度假区、开发神话历史公园等重点和后续项目,发展成为东北亚首屈一指的观光、休闲城市,同时发展成为具有商务、尖端知识产业、物流及金融等综合功能的城市。目前济州岛的产业主要有三类。

1. 旅游业

海洋性气候的济州岛素有“韩国夏威夷”之称。2004 年 3 月,韩国着手开展设立“济州特别自治道”的可行性研究。2006 年,韩国国会通过《建立济州特别自治道及开发国际自由城市相关特别法》,并于2006 年 7 月 1 日正式批准将济州岛设为韩国历史上第一个特别自治道,并计划将济州岛发展成为东北亚的国际自由大都会和旅游度假中心。美丽的济州岛具有海岛独特的自然风光,著名的风景包括天帝渊瀑布、牛岛等。此外,济州岛还继承了古耽罗王国特别的民俗文化。济州岛的民俗村博物馆、海女博物馆、城邑民俗村等都极具特色。2013 年济州岛的游客首度突破 1000 万,达到 1050 万人,其中外国游客人数突破200 万,创造了济州岛旅游的新纪录,如图 2.1 所示,济州岛的旅游人数超过国际著名旅游岛夏威夷岛、巴厘岛、冲绳岛等。而在 2016 年,访问济州岛的游客总数已经超过 1500 万。

随着人数增长,2013 年济州岛的旅游收入也达到 6.4 万亿韩元,是济州柑橘进口额 8000 亿韩元的 8 倍,2010 年旅游收入的 2 倍。济州旅游公司方面表示,济州岛在联合国教科文组织自然科学领域获得了世界自然遗产、世界地质公园、生物圈保护地区等三冠,而且通过济州徒步游等提高了知名度。

为济州特别自治道游客给予免税优惠,降低济州特别自治道访问费

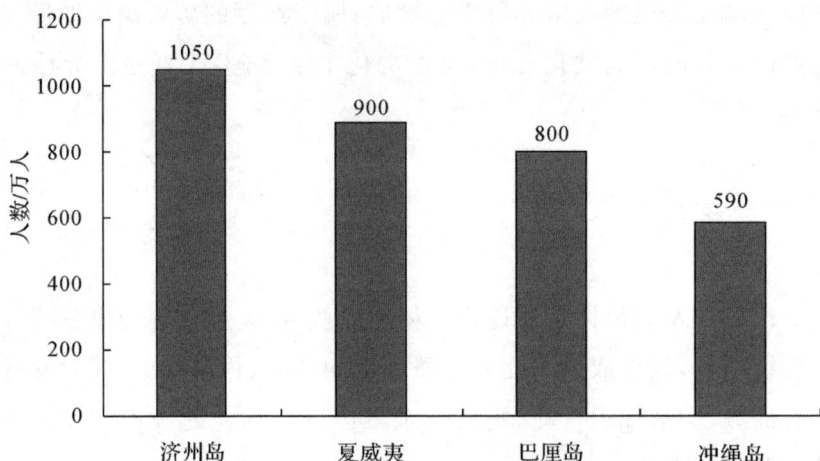

图 2.1　2013 年国际著名旅游岛旅游人数

数据来源：环球网

用,谋求济州特别自治道观光产业发展,济州国际自由城市开发中心 (Jeju Free International City Development Center,简称 JDC)在机场和港湾分别引进了免税店。销售包括酒类、香烟、化妆品等 15 个种类的商品,销售价格比市场价低 20％～60％。

　　同时,为了更好地打造济州岛的旅游产业,JDC 于 2018 年在西归浦安德面一带建设神话历史公园,其中包括水上公园、饮食文化主题公园等园区,使其成世界级的主题公园,进一步发展济州旅游产业,扩大旅游市场规模,奠定其国际自由城市的基础。同时,JDC 规划在 2020 年于西归浦一带建设西归浦观光美港,主要设施有新岛散步路、新岛链接步行桥等。JDC 计划开发该地区,让大海、水景和老城市浑然一体,成为国际海洋旅游景点。

　　济州岛的旅游业作为地方支柱产业的一部分但并非唯一的。农业和渔、牧业等第一产业范畴内的传统农业项目,并没有远离济州岛,而是作为和济州岛发展短期、中长期目标一致的环境友好产业齐头并进。若是在济州岛发展常规工业,会牺牲济州岛独特秀美的自然资源和人文景观资源成本,获得在任何无特点区域也可以形成的常规工业化体系。从最终的效果来看,形成自主生态旅游品牌和国际影响力的济州岛无论从产出收益和边际效益上均完胜常规工业化系统。

2. 教育业

目前,韩国政府准备投资 17806 亿韩元,交由 JDC 启动并推进,建设 12 所可容纳 9000 名学生的小学、初中、高中国际学校。目前,国际学校的硬件设施建设正如火如荼地开展。教育城不仅为了截留韩国每年大量外流的留学生,同时韩国还把目光投向整个东北亚地区。而中国作为世界上最大的留学生来源国,韩国政府希望能吸引更多的中国留学生。济州岛在距离上就有巨大的优势,它距离首尔、东京、北京、香港和上海 5 个亚洲重要城市都只有不到两小时的飞行时间。"两小时飞行圈"覆盖中韩日三国,圈内有 17 座人口超过 500 万的城市,市场潜力巨大。目前,已有两所世界一流学校进驻济州岛:一所是拥有 110 年历史的加拿大布莱克森霍尔国际学校(加拿大排名前 10 位的女子学校),另一所是英国北伦敦教会国际学校(1850 年成立,同样也是英国排名前 10 位的私立学校)。

与此同时,济州岛一直致力于打造济州英语教育城市,将教育理念融合到城市开发的环节中,如图 2.2 所示。

该国际教育城的所有政府机构、医院、购物中心的人员将以英语进行交流,以建立一个英语语言环境。这是一个将学习、生活和游戏融合在一起的复合空间,把结合实际生活的实质性英语教育最大化,营造使用英语的环境。

世界性高等学府和研究中心的聚集地将形成潜力巨大的人才资源和可转换知识产权,更会提升城市和地区的知名度,而高科技含量企业和研发中心更会利用这一人才密集优势入驻高校周边形成高科技园。济州岛几乎完美的生态环境和优势地理位置对于吸引中国、日本的高教产业迁移和自主高等教育发展都有着优势条件,而发展高等教育也是吸引大企业的亚洲研发中心迁移的潜在条件,由高等教育引发高科技企业的孵化和培植已经是国际上早被实践过的一条良性发展之路,济州岛在生态环境和政府大力扶植下更会突显高等教育的竞争力。

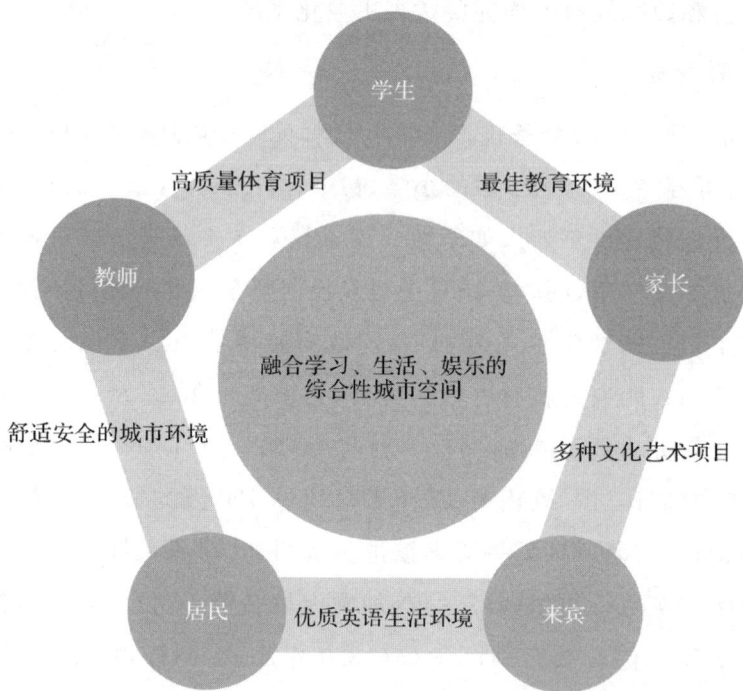

图 2.2　济州岛城市开发概念

资料来源:济州国际自由城市开发中心官方网站

3.尖端科技业

高水平的教育为尖端科技产业的发展提供了基础。济州尖端科技园区是以"推进济州国际化建设"为核心主旨而开设的项目之一。以观光旅游业为主的济州岛地区产业发展比较薄弱,为了弥补这个欠缺,济州岛充分利用当地天然的美景、干净的环境建成了集信息通讯、生命科学管理、教育、研究、创业等领域的科学技术产业园区。

济州尖端科技园区正致力于打造具备国际水准基础设施、引入国内外优秀尖端企业、地区大学和相关机构的产学研为一体的产业协同体,从而谋求地区和企业的发展,向世界展现济州地区名副其实的国际都市面貌。

济州尖端科技园区由生物科技园和 IT 技术园两部分组成,生物科技园以生物资源产业化支援中心、生物技术研发大厦、生物 TIC、生物风险企业孵化器等为中心建成。

除此之外,济州岛的医疗产业及房地产行业都为济州的发展提供了支撑。韩国对于济州岛旅游岛的定位就是集旅游胜地、国际交流中心、东亚的"硅谷"和华尔街为一体的生态商圈。从济州岛目前的发展看来,发展环境友好型产业是一个正确的选择。

二、运营模式

韩国自由贸易园区的主管机构是财政经济部,其管理着自由贸易园区委员会。委员会主席是财政经济部,委员会成员包括外交事务和贸易部、商务部等七个部门。自由贸易园区建立工作委员会,负责执行委员会委托的工作。委员会及工作委员会的运作皆以总统法令为依据。如图 2.3 所示。

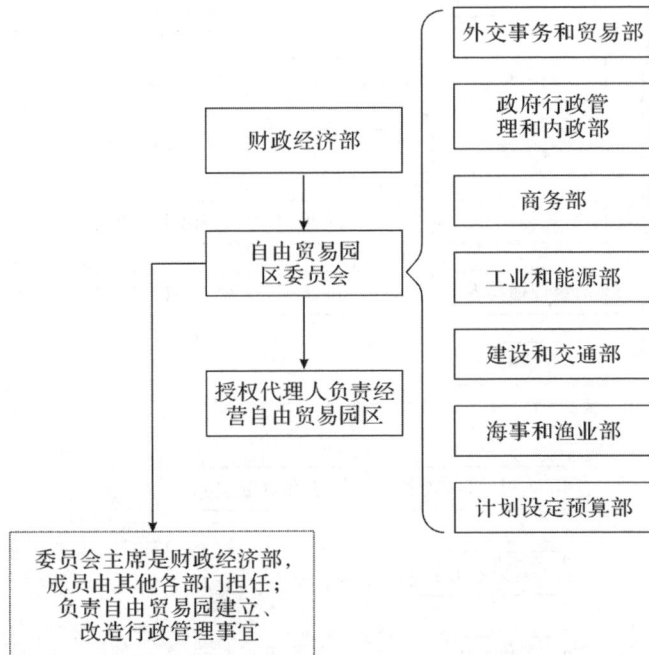

图 2.3 韩国自由贸易园区管理体制

资料来源:李泊溪:《中国自由贸易园区的构建》,北京:机械工业出版社,2013 年

目前为止,韩国共设有 9 个自贸区,除济州岛以外的另 8 个自贸区都采用兼管型的管理体制,其优点为不需要增设机构;但其缺点众多,包括权责不明、权威性差、效率低、沟通和协调困难等。而济州岛的管理机制不同与此,属于单一型管理。单一型管理机制是指政府设立一个独立管理机构来专门行使管理职权。它的优缺点正好与兼管型相反。据《建立济州特别自治道及开发国际自由城市相关特别法》,济州岛设立了济州国际自由城市开发中心,它是更全面扶持并促进济州岛发展成为国际自由城市而设立的专署机构。图 2.4 为 JDC 的组织架构。

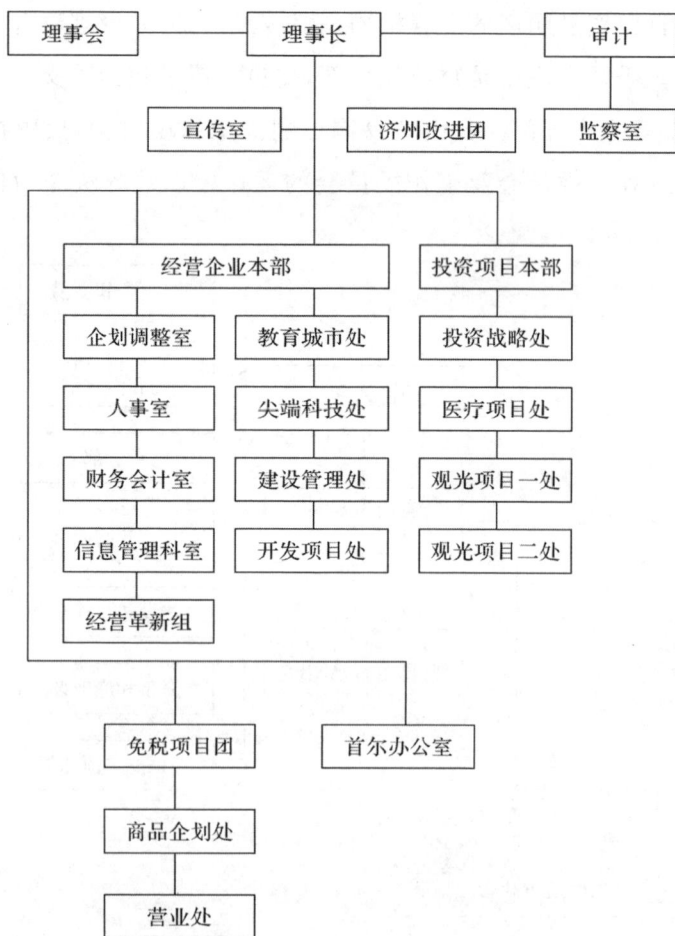

图 2.4 济州国际自由城市开发中心组织结构示意

资料来源:济州国际自由城市开发中心官方网站

该机构的设立成功促进济州国际自由城市开发事业。JDC负责济州岛观光、教育、医疗等核心项目的开发与投资,是通过与济州岛建立合作关系,促进建设济州国际自由城市这一目标的国家支援机构。

三、自由港政策

为方便投资,济州特别自治道提供一站式服务。在济州总公司、首尔事务所皆设有在线投资咨询中心,为投资者提供有关投资对象地区、设施及投资规模、投资程序、法令解释等各项信息。济州岛的相关税收减免政策见表2.2和表2.3。

表2.2 振兴地区的税收优惠

税收优惠	国税	关税:3年100%减免进口关税 法人税、所得税:前3年100%减免,后2年50%减免
	地方税	取得税、登记税:免税 财产税:免税10年
	各种费用	免税:开发分摊费;公共水域占用、使用费 减免50%:农地保护分摊费、征用造地补偿费、征用山地资源补偿费、排水管道工程费用
国/公有财产租赁		租赁期限:租赁50年(可更新)及可建造永久性建筑物 减免对象及标准:针对投资振兴地区入住企业减免75%

资料来源:济州国际自由城市开发中心官方网站

表2.3 外商投资区域税收优惠

税收优惠	国税	法人税、所得税:前3年100%免税,后2年50%减免 关税:3年100%减免进口关税
	地方税	取得税、登记税:免税 财产税:免税10年

续表

国/公有财产租赁	a. 减免 100%：外商投资地区内的投资企业、依据税收特例限制法的规定获得税收减免的 1 万美元以上规模项目 b. 减免 75%：五百万美元以上规模制造业；经外商投资委员会审议的社会基础设施建设相关项目、产业结构调整相关项目，以及对地方政府的财政自立有贡献的项目 c. 减免 50%：国家产业园区、一般产业园区、城市高新产业园区、农工园区的土地

资料来源：济州国际自由城市开发中心官方网站

四、成功经验

1. 科学考察，明确定位

在韩国为重振当年亚洲"四小龙"雄风而决定规划出经济发展特区的阶段，济州道经济发展特区发展目标是重点打造济州岛的旅游品牌，提高济州岛的国际影响力，借此将韩国的国家"软实力"提高到一个新的层次。软实力可以定义为利用吸引力、说服力而非武力或者金钱来实现自身目标的能力，也包括文化上交朋友和赢得倾慕者的能力。通过这些年的开发与发展，韩国通过济州岛打开了一个与世界进一步沟通的窗口，而正确、科学的前期考证为后续的发展奠定了基础和方向。在初步完成了第一阶段以济州岛为中心的旅游胜地工程打造之后，济州岛的发展战略开始向纵深发展，即融合国际文化交流中心平台，以及金融、高科技研发园区、"购物天堂"等元素的国际自由都市商圈。

2. 寻求政策支持

争取更加开放的出入境政策。济州的自治、开放是韩国政府赋予的特殊政策，它顺应了世界范围内人与物高度自由流动的潮流。因此可适度逐步扩大免签国家范围，延长免签时间，努力办好已获批准的免税商店，按照国际惯例实行出境退税等。

第三节　工商型自由港——杰贝阿里

　　杰贝阿里自由贸易区依托中东最大的集装箱港口——杰贝阿里港而建,还与迪拜马克图姆新国际机场相接,优越的地理位置使其成为整个区域,包括西亚、南亚次大陆、非洲在内的这片拥有 20 亿人口新兴市场中最具吸引力的商贸中心。杰贝阿里自贸区在迪拜市西南 50 千米处,1985 年由迪拜市政府发起建立。目前,杰贝阿里自由贸易区内有超过 7000 家公司,其中包括 150 多家世界 500 强企业及许多我们国内的知名企业,如中石油、宝钢、三一重工、徐工集团、长虹电器、海尔等,绝大多数公司的业绩在全球经济停滞的情况下仍然保持了可观的增长。目前石油产业占迪拜 GDP 已不足 1%,其大多数的收入来自杰贝阿里自贸区。图 2.5 为世界各国到杰贝阿里港的水路距离,该港距离中国 12070.08 千米,距离最近的印度和巴基斯坦仅 1207 千米,该港的地理位置极为优越。

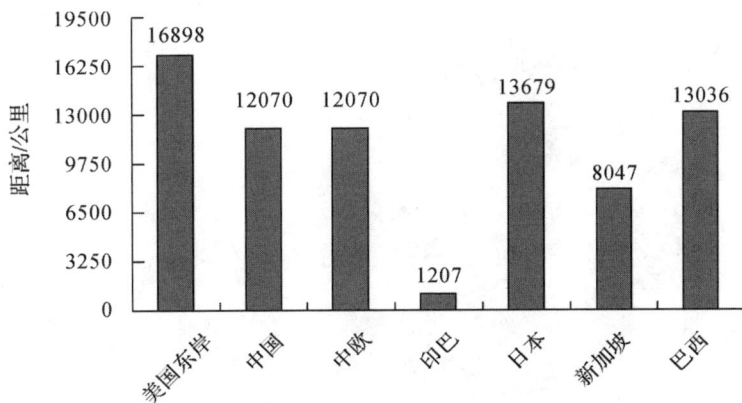

图 2.5　世界各国到杰贝阿里自贸区的距离(水路)

一、主要产业

迪拜设置了众多的自由贸易区,它们的主要功能是仓储、进出口、制造、加工、物流配送,同时信息服务、电子商务、研发也有一定的发展。杰贝阿里自贸区成立之初旨在成为中东的国际商业枢纽。而迪拜政府也一直不遗余力地致力于让杰贝阿里自贸区成为中东地区一个理想的工业中心和货物集散中心。目前杰贝阿里自贸区已成为理想的集物流仓储、进出口贸易、生产加工等多功能为一身的大型特区,其主要产业包括国际贸易和仓储物流。

1. 国际贸易业

2016 年,外贸占迪拜 GDP 的比重高达 28%,自贸区已经成为迪拜经济增长的主要驱动力,如图 2.6 所示,杰贝阿里自贸区为迪拜经济贡献了 607 亿美元收入,占迪拜 GDP 的 20.10%,占阿联酋 GDP 的 8.7%,并且为当地 20 万人提供了就业岗位,约占迪拜 132 万总劳动人口的 12.8%。

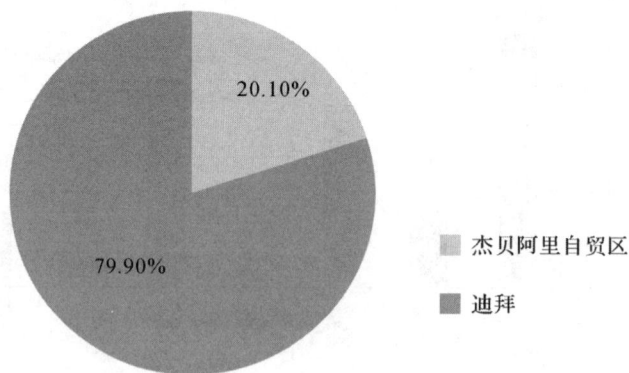

图 2.6 杰贝阿里自贸区对迪拜的经济贡献

数据来源:《经济观察报》,2012 年 12 月 10 日

2. 仓储物流业

据自由区 2013 年底统计显示,从企业类型看,从事贸易、仓储、分销

和物流的企业占75％，从事工业生产的企业占22％，从事服务行业的企业占3％。土地、办公室、仓库等硬件设施租金构成了管理机构主要的收入来源。以普通办公室为例，2012年，杰贝阿里自贸区每年每平方米的租金价格约为1700～2500迪拉姆，约合2900～4300元人民币。

二、运营模式

杰贝阿里自贸区管理局是杰贝阿里自贸区的主要经营管理者。该局依据《杰贝阿里自贸区管理章程》设立，是独立于迪拜地方政府的自由区管理局。杰贝阿里自贸区管理局，是由港口、海关和自贸区组成的联合体。自贸区管理局可以直接向投资者颁发营业执照，同时提供行政管理、工程、能源供应和投资咨询等多种高效和简便的一站式服务，如图2.7所示。

图 2.7　杰贝阿里自贸区管理体制

资料来源：李泊溪：《中国自由贸易园区的构建》，北京：机械工业出版社，2013年

其中自贸区管理部主要负责建筑物和人员保险、制定自由区规章，提供区内基础设施，颁发许可证和签订租约等工作；健康和医疗部负责颁发员工的健康证明；销售管理部受理企业成立和运营审批、企业的选址和迁移工作；土木工程部负责监督工程建设、颁发建筑许可、为完工的工程提供证明等；保卫部，即从事维护自由区内人员和财产的安全工作；自由区员工住宿管理部主要负责管理自由区内企业雇员住房的租赁活动。这些部门分工合理，各司其职，使得自由区的日常工作得以顺利开展。

迪拜的港口管理法律性极强。迪拜法律机构制定了明确的自贸区管理法,各部门依据法律规定行使行政管理职权。作为自贸区管理机构的迪拜自贸区管理局是独立于政府其他部门的专门机构,并且自由贸易区管理局直接负责贸易园区的开发和运营管理。此外,阿拉伯联合酋长国的政治体制也深刻地渗入港口的管理。马克图姆家族是迪拜的政治核心,这个家族控制着迪拜的国有控股的企业。对港口和自贸区的管理逐步集权,使得自由贸易区、迪拜海运城与杰贝阿里港和拉什德港由同一集团公司领导,更使得关税直接成了集团的收入,而不是进入国家财政部门。这种集权式的管理机制由于不需要协调其他的政治力量,而使迪拜港口城市全球扩张的宏伟计划得以顺利实施。极具代表性的例子便是 2004 年 12 月自由贸易区公司以 11.5 亿美元成功并购了全球货柜码头有限公司,而在早些年全球货柜码头有限公司和它的姊妹公司曾经拥有杰贝阿里港口的管理权。2006 年自由贸易区公司又以 68 亿美元收购了 P&O 码头运营商,从而使自由贸易区公司的集装箱吞吐量跃居全球第三。

三、自由港政策

迪拜自由贸易区的政策涵盖面较广,包括贸易政策、投资政策、外汇政策、海关监督政策。可以说这样的政策优势,使得杰贝阿里港自由贸易区得到了巨大的发展支持。

1. 贸易政策

自由贸易区内可从事进出口、转口贸易、加工制造、高新技术工业、金融服务、信息服务、信息研发、电子商务、通信媒体服务、市场整合、公关关系等活动。自贸区对行业基本不设限制,任何不违法的行业都可在自贸区内开展生产经营活动。自贸区内无关税壁垒,进入自由贸易区完全免关税,并在一定期限内可免所得税;货物进入自贸区无国别差异(以色列除外),但是货物从自由贸易区进入迪拜本土市场视为进口,此时具有国别差异;自贸区内可以消费、使用货物,并免关税。

2. 投资政策

在自由贸易区注册的企业不需要在迪拜商务部和政府注册,外资享受 100％ 的独资,对在自贸区内建立的分公司无注册资金限制,但是对在自贸区内注册的企业和可以在自贸区内经营的企业有注册资金的限制;自由贸易区内企业无所有制限制,国有和私有都是可行的;企业资本和利润可自由转回所属国。

依据数据统计,如图 2.8 所示,迪拜杰贝阿里自贸园区企业中,36％ 来自中东当地,23.6％ 来自欧洲地区,22.4％ 来自亚太地区,11.8％ 来自美洲和非洲地区,6.2％ 来自世界其他地区。杰贝阿里自由贸易区优越的地理位置使其成为整个区域,包括西亚、南亚次大陆、非洲在内的这片拥有 20 亿人口新兴市场的最具吸引力的商贸中心。

这些企业来自世界 130 多个国家,主要从事进出口贸易及物流服务。世界财富 500 强企业有 150 家落户自由区,包括许多大型跨国公司,如索尼、卡西欧、诺基亚、飞利浦、IBM 等均在此设有地区分部。

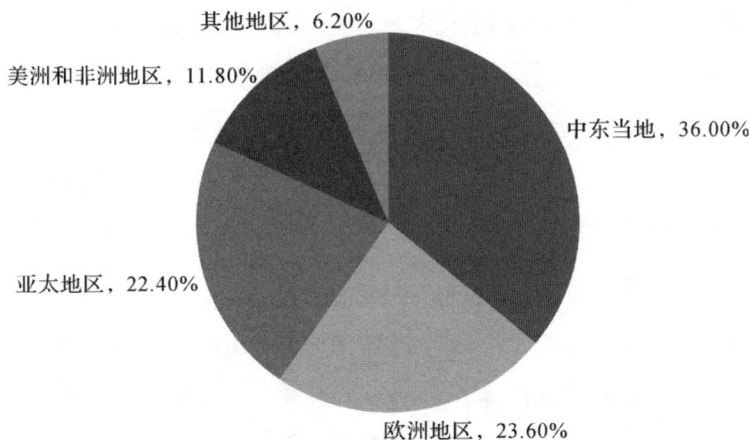

其他地区,6.20%
美洲和非洲地区,11.80%
中东当地,36.00%
亚太地区,22.40%
欧洲地区,23.60%

图 2.8　自贸区内企业来源地

数据来源:中华人民共和国商务部

3. 外汇政策

杰贝阿里自贸区无外汇管制,迪拉姆可随时与国际通用货币相互兑换(以色列货币和受联合国制裁国家的货币除外)。资金可自由出入及转换,无须经任何行政机构审批,进出境人员可以携带外汇,不需要申报。地方银行或商业银行提供的外汇贷款亦不必报请迪拜重要银行的批准,但是外国银行将其利润汇出境外时必须事先获得中央银行的同意。

4. 海关监督政策

杰贝阿里自贸区内的贸易活动不受海关的任何限制,但是需要接受海关的监管,海关对于有走私嫌疑的货物有权利和义务进行检查,禁止一切违禁物品进入自贸区,任何货物进出自贸区都需要进行电子备案。

四、成功经验

杰贝阿里自贸区成功地融入全球产业网络中并拥有一定的控制地位是迪拜成功的关键,从中可以总结出四个关键因素。

1. 地理和自然优势

迪拜位于出入波斯湾霍尔木兹海峡内湾的咽喉地带,地理位置优越,具有发展贸易的优势。杰贝阿里自由区毗邻世界最大的人工港——杰贝阿里港,海陆空运输中转方便,能够快速将货物运送至中东周边、非洲和欧洲等各大消费市场。此外,迪拜政府正在筹划连接港口、自由区、物流城、机场的"物流绿色通道",货物从港口到机场只需 10 分钟。

2. 政策优势

杰贝阿里自贸区的优惠政策覆盖面较广,其中较为显著的是自贸区内企业或个人从事经营活动在 15 年或者 50 年的,免除公司所得税和个人所得税。自贸区内国有企业或持有 51% 股份的合资企业生产的产品视同为国内产品,入境不需要缴纳关税。阿联酋对外汇没有管制,用汇、自由兑换、外汇汇进汇出,并在此基础上大力发展商务旅游及购物旅游,为港口和自由贸易区的进一步发展提供了坚实的基础。

3.配套设施完善

迪拜政府在自由区的基础设施方面进行了大量的投入,包括道路、通讯、能源供应和高速数据传输网。自由区内已有众多大型物流公司入驻,为园区企业提供了便利的物流服务。波斯湾地区周边国家与迪拜有相近区位特点,却没有获得同样的发展,其中一个重要原因是迪拜为外来投资、人才的流入提供了波斯湾其他地区所难以实现的整合型高效、便捷和舒适的现代化基础设施。杰贝阿里自由贸易区一流的硬环境和软环境,对吸引外来投资是非常重要的。

4.合理的运营机制

杰贝阿里自贸区与杰贝阿里港一体化运营的管理模式极大地促进了自贸区的发展。随着全球经济的发展,港口的发展对于一个城市(区域)的经济发展有着重要的影响。港口在全球产业网络的战略地位,不仅决定了港口的竞争优势,更是一个城市(区域)经济发展的关键。

第三章
舟山定海海洋新兴产业的选择思路

定海区作为舟山的主要市辖区,其经济实力和产业发展力量占据全市的首要地位。2016年,定海区工业总产值首次突破1000亿元大关,全年完成工业总产值1011.9亿元,占全市工业(2465.44亿元)比重的52.3%。特别是定海的临港工业和新兴产业几乎都是舟山市一半以上,其中实现产值760.2亿元,占全市临港工业(1655.75亿元)的46%;新兴产业实现产值535.66亿元,占全市新兴产业产值(844.5亿元)的63.4%。因此,无论是从工业总产业、临港工业还是新兴产业占比来看,定海区海洋新兴产业都是舟山市的核心,可以说定海区的发展代表了舟山市海洋新兴产业发展的整体情况。基于以上考虑,以及样本的可获得性,本书以定海为研究样本研究舟山海洋新兴产业的选择思路。

第一节 海洋新兴产业的概念及选择标准

当今世界新科技、新技术、新产业迅猛发展,孕育着新一轮产业革命,新兴产业正在成为引领未来经济社会发展的重要力量,世界主要国家纷纷调整发展战略,大力培育新兴产业,积极抢占未来经济科技竞争的制高点。当前,我国经济正处于转型发展的关键阶段,必须站在战略和全局的高度,科学判断未来需求变化和技术发展趋势,大力培育发展新兴产业,加快形成支撑经济社会可持续发展的支柱性和先导性产业,优化升级产业结构,提高发展质量和效益。

一、海洋新兴产业

根据中共浙江省委提出的创新驱动的发展战略,我们对定海新兴产业的定义、发展原则做了一个归纳。

新兴产业的概念:《国务院关于加快培育和发展新兴产业的决定》明确指出,新兴产业是以重大技术突破和重大发展需求为基础,对经济社会全局和长远发展具有重大引领带动作用,知识技术密集、物质资源消耗少、成长潜力大、综合效益好的产业。"十二五"国家新兴产业见表 3.1。

表 3.1 "十二五"国家新兴产业

编号	产业领域	产品方向
1	节能环保产业	要突破能源高效与梯次利用、污染物防治与安全处置、资源回收与循环利用等关键核心技术,发展高效节能、先进环保和资源循环利用的新装备和新产品,推行清洁生产和低碳技术,加快形成支柱产业
2	新一代信息技术产业	要加快建设下一代信息网络,突破超高速光纤与无线通信、先进半导体和新型显示等新一代信息技术,增强国际竞争力
3	生物产业	要面向人民健康、农业发展、资源环境保护等重大需求,强化生物资源利用等共性关键技术和工艺装备开发,加快构建现代生物产业体系
4	高端装备制造产业	要大力发展现代航空装备、卫星及应用产业,提升先进轨道交通装备发展水平,加快发展海洋工程装备,做大做强智能制造装备,促进制造业智能化、精密化、绿色化发展
5	新能源产业	要发展技术成熟的核电、风电、太阳能光伏和热利用、生物质发电、沼气等,积极推进可再生能源技术产业化
6	新材料产业	要大力发展新型功能材料、先进结构材料和复合材料,开展共性基础材料研究和产业化,建立认定和统计体系,引导材料工业结构调整

续表

编号	产业领域	产品方向
7	新能源汽车产业	要加快高性能动力电池、电机等关键零部件和材料核心技术研发及推广应用,形成产业化体系

资料来源:《"十二五"国家战略性新兴产业发展规划》

基于新兴产业的界定,我们认为海洋新兴产业是指以海洋高新科技发展为基础,以海洋高新科技成果产业化为核心内容,具有重大发展潜力和广阔市场需求,对相关海陆产业具有较大带动作用,可以有力增强国家和地区海洋全面开发能力的海洋产业门类。

二、海洋新兴产业发展原则

1. 合理定位原则

海洋新兴产业是代表高新技术方向的新兴产业,因此产业发展需要符合国家、浙江省对舟山的总体定位,需要与经济结构调整和发展方式转变吻合,能够带动区域经济可持续发展,为经济社会长期发展提供必要的技术基础。

2. 市场需求原则

市场需求是海洋新兴产业生存、发展和壮大的必要条件。市场是选择和培育海洋新兴产业的基本力量,在选择海洋新兴产业时不仅要考虑其发展目标,而且还要考虑国内外市场的开拓和需求状况。定海海洋新兴产业发展未来必须符合国家重大发展导向,要具备重大市场需求的特征。

3. 技术创新原则

由于海洋新兴产业要拥有行业关键核心技术,且要具有良好的经济技术效益,因此要选择自主创新能力强、科技含量较高,或者具有巨大的吸纳技术进步的潜力,而且能创造较高的劳动生产率和较高的附加值,能促进产业内部升级的产业。

4.产业集聚原则

产业链或者产业群是海洋新兴产业形成的标志之一。所选择的新兴产业要有一定的产业基础,并具有快速成长的能力,且能尽快形成新的产业链和新的产业群,从而有助于促进地方产业聚集发展。

5.产业关联原则

由于各产业间存在着不同程度的横向及纵向的复杂联系,所选择的海洋新兴产业,除了自身要有较强的增长潜力外,还应具有较大的纵横向联系和影响,通过这种关联能对其他产业和整个区域经济起到带动与推进作用。因此,所选择的海洋新兴产业不仅要具有较高的产业比重,而且还要具有比较高的产业关联度。关联度高的产业具有较强的带动性,能够带动相关及配套产业的发展,从总体上改善经济运行的质量。

6.可持续发展原则

新兴产业要具有资源消耗低、环境污染少的特点,要有利于促进经济和社会的可持续发展。从产业的长期稳定发展看,可持续发展应成为各地区选择新兴产业的一个重要依据。产业的可持续发展主要表现在产业发展要转向使用更清洁、更有效的技术,尽可能接近"零排放"或"密封式",所使用的工艺方法能够尽可能减少对能源和其他自然资源的消耗。

国家"十二五"规划中明确提出要"大力发展海洋经济",在这一宏观背景下,2011 年 2 月国务院批准浙江省为浙江海洋经济发展示范区。在国家"十三五"规划中,提及要"深入推进山东、浙江、广东、福建、天津等全国海洋经济发展试点区建设",突出了舟山将成为长江三角洲地区经济发展的重要增长极。增长极的形成客观要求具有成规模的经济总量,然而舟山生产总值仅占浙江省比重的 2.64%(2016 年),为 1228.5 亿元,在"十二五"和"十三五"期间,舟山势必要实现经济总量的快速增长。因此,重点扶持发展海洋新兴产业是其必由之路。2011 年 6 月国务院批准舟山市为舟山群岛新区,突出了海洋经济科学发展这一主题,提出了新区未来五大发展目标,其中之一就包括将舟山建设成为重要的现代海洋产业基地。2017年2月,舟山被列为国家第三批自由贸易试验区。下一步,将研究建设舟山自由港区,这一目标将海洋新兴产业发展提到了一个新的战略高度,详见表3.2和表3.3。

可以预见,今后5～10年是定海区海洋新兴产业夯实发展基础、提升核心竞争力的关键时期,既面临难得的机遇,也存在严峻挑战。从有利条件看,定海海洋新兴产业是舟山建设新区时代的客观要求,是浙江争当国家发展海洋新兴产业排头兵的战略选择;新区规划中明确了"四岛一城"的定位,为定海海洋新兴产业发展指明了方向。同时也要看到,定海经济和舟山全市一样存在低、小、散等问题,海洋新兴产业自主创新发展能力较弱,关键核心技术严重缺乏,标准体系不健全;体制机制政策、现代服务业建设等还不能完全适应海洋新兴产业快速发展的要求。必须加强宏观引导和统筹规划,明确发展目标、重点方向和主要任务,采取有力措施,促进新兴产业快速健康发展。定海海洋新兴产业鼓励发展的产品方向见表3.4。

表3.2 浙江省新兴产业(重点推进产业)

编号	产业领域	产品方向
1	物联网产业	传感器与传感网络,数据存储、传输、压缩、处理技术与产品,交通、安防、制造、电网、医疗、生活服务、安全生产、节能环保等领域的物联网技术应用
2	高端装备制造业	大型空分设备,高性能工程施工机械,大型农机,高性能纺织设备,高档数控机床,工业自动化控制系统
3	新能源产业	薄膜电池,大型风电整机及变速箱、逆变器等核心部件,大型水电机组
4	新材料产业	稀土永磁材料,高品质特钢,碳纤维,聚全氟乙丙烯,卤化丁基橡胶,超高分子量聚乙烯纤维,芳纶
5	节能环保产业	高性能LED产品,节能电机,医药、化工、制革、印染等行业高浓度有机废水处理设备,电镀等行业重金属污染处理设备
6	生物产业	基因工程药物和重组药物,创新中药,生物农药
7	新能源汽车产业	纯电动汽车,动力电池、驱动电机和电控系统,锂离子电池
8	海洋新兴产业	大型船舶,港口龙门吊,海水淡化设备,海洋药物及食品

编号	产业领域	产品方向
9	核电关联产业	核岛蒸发器、压力容器、堆内构件、常规岛辅机,核级泵阀,通风空调设备

资料来源:《浙江省战略性新兴产业发展指导目录(2011 年)》

表 3.3　浙江舟山群岛新区发展规划中的发展产业

编号	产业领域	产品方向
1	港航物流	推进舟山大宗商品交易中心建设,加快形成品种类别齐全、交易模式创新的大宗商品交易市场体系。建设国际性离岸燃油补给服务中心、全国性船舶交易中心、国际粮油集散中心。优化组建大型运输船队,打造我国"海进江"二程运输船队等
2	海洋工程与高端船舶	建设海洋工程装备修造基地,大力发展深水勘探、深水生产、远洋应急救援、深水远程补给等。整合提升船舶制造业,研发制造高新绿色船舶,积极发展船配产业,适度发展绿色船舶拆解产业,提高船舶工业设计水平
3	海洋旅游	努力打造国际著名的群岛型海洋休闲旅游目的地和世界一流的佛教文化旅游胜地。积极推进国家旅游综合改革试点城市建设,着力抓好省级海洋旅游度假区项目,争创国家级旅游度假区
4	海洋资源综合开发利用	建成摘箬山岛清洁能源研发试验基地、东福山风光柴储清洁能源综合利用项目。加快建设龟山潮流能研发及产业化基地、六横海上风电场等一批新能源项目,推进一批分布式能源项目建设。启动杭州湾及岱山近海风电与潮流能综合开发利用项目,开展大洋资源勘探利用试验研究
5	海洋生物产业	以舟山海洋生物医药产业园为主平台,积极整合科技资源,营造创新环境和条件,培育形成一批骨干企业。建设舟山海洋生物医药检测和研发服务中心,加强海洋生物保健品、功能型食品、生物功能材料、海洋生物酶制剂的研发,力争突破以海洋生物为原料的饲料添加剂、生物农药与肥料产业化关键技术,推动深海生物基因利用
6	现代海洋渔业	打造设施先进、装备精良的现代化远洋捕捞船队,基本建成西码头国家远洋渔业基地和舟山本岛水产品精深加工集聚区;加快推进海外远洋渔业基地建设,做大做强舟山国际水产城

资料来源:《浙江舟山群岛新区发展规划、浙江舟山群岛新区建设三年行动计划》

表 3.4　定海海洋新兴产业

编号	产业领域	鼓励发展的产品方向
1	高端船舶制造	大功率船舶动力定位与控制系统、船用高荷电蓄电池组、船用大型齿轮箱及推进系统、船舶舾装液压成套装备,大型散货船、集装箱船、化学品船
2	高端机械设备	高性能工程施工机械,高档数控机床,工业自动化控制系统
3	海洋新能源	大型风电整机及变速箱、逆变器等核心部件,大型水电机组
4	海洋工程装备	海洋石油平台供应船、半潜式石油平台、万马力级深水三用工作船、海上风机安装船、深海辅助作业机器人
5	海水淡化	海水淡化膜和膜组器、能量回收装置及高压泵,15 万吨/小时海水循环冷却塔及配套热交换器,1 万吨/日大生活用海水环境友好关键技术和装备,1000 兆瓦机组用高效海水烟气脱硫技术装备、1 万吨/小时海水软化技术装备,高效节能的提钾、溴、镁及浓海水综合利用装备
6	深海勘探(技术装备)	可视浅钻、电视抓斗、电视多管和箱式取样器,深海深孔岩芯取样钻机
7	海洋生物	海洋生物活性多肽、糖氨聚酸、膳食纤维等功能成分,新型海洋药物及功能(保健)食品
8	港口物流	国际性离岸燃油补给服务中心、全国性船舶交易中心、国际粮油集散中心,大型船舶,港口自由式龙门吊、高举力叉车、自动升降平台
9	海洋电子信息	船舶配套电子信息、电子信息服务业、海洋水文数据采集仪器及设备、海洋水文仪器计量检定设备,海水检测设备、海底探测光学设备、海底探测声学设备,海洋观测、探测、检测技术系统及仪器设备,海水检测设备

说明:根据国家新兴产业指导目录、浙江省战略性新兴产业发展指导目录、浙江舟山群岛新区发展规划、浙江舟山群岛新区建设三年行动计划与定海现有产业进行配对。

三、海洋新兴产业的选择方法

我们进行产业选择的研究方法：以结构化分析方法为指导，运用产业匹配性分析法、竞争优势分析法，二维两次筛选进行产业定位（见图 3.1）。

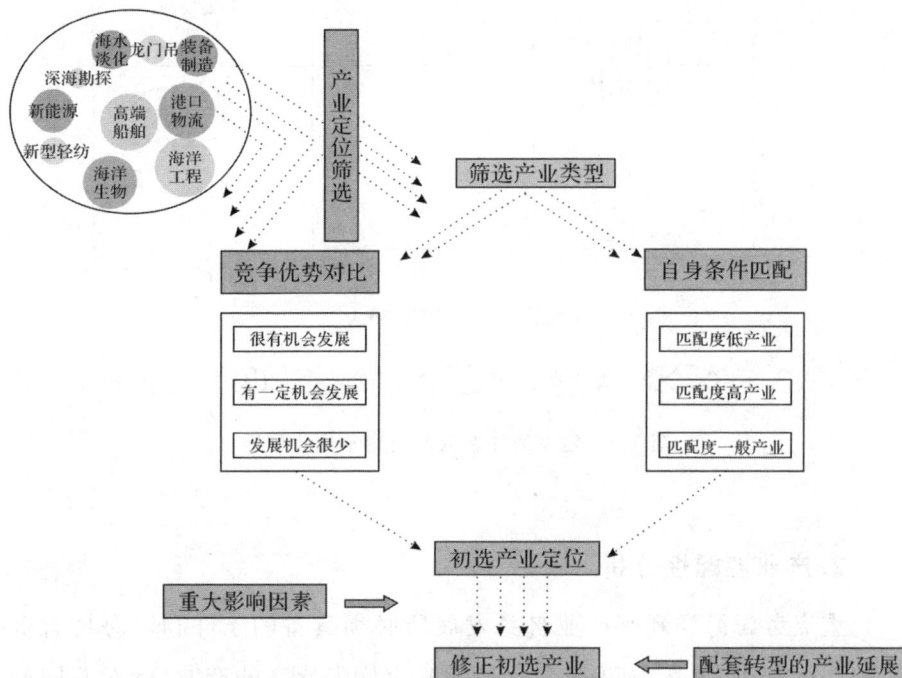

图 3.1　定海产业选择思路

1. 竞争优势分析[①]

利用 GE 矩阵对定海现有产业及其关联的新兴产业进行分析，根据该产业在行业内的吸引力和定海在行业中的竞争地位将定海的产业分为三大类（见图 3.2）。

——————————

① 本报告分析对象：定海现有产业（或及其延伸的战略性新兴产业），这是产业的概念，都包括在某一个行业内。本报告用 GE 矩阵分析的是行业本身吸引力和定海现有产业及其关联的新兴产业在行业内竞争力。

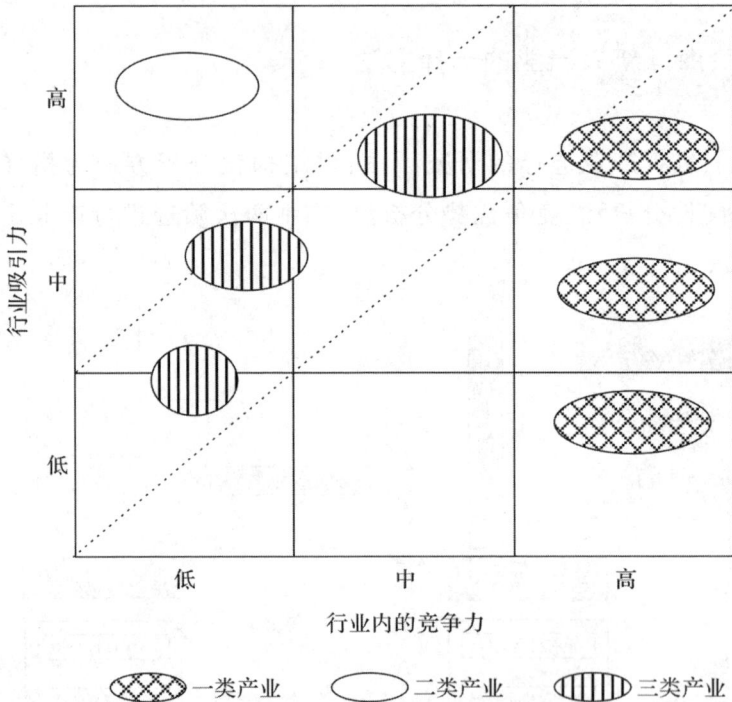

图 3.2　定海海洋新兴产业竞争优势分析

2. 产业匹配性分析

重点考虑海洋新兴产业自身发展所必须具备的条件和定海现有资源的匹配程度,匹配性高的产业是定海应优先导入的产业(针对不同产业特点,匹配要素分析的侧重点会有所区别)。

第二节　海洋新兴产业选择方向

英国萨塞克斯大学创新研究小组的学者们提出了全球价值链中产业升级的四种模式:工艺流程升级、产品升级、功能升级和链条升级,各升级模式的实践形式见表 3.5。

表 3.5　全球价值链中各升级模式的实践形式

升级模式	实践形式
工艺流程升级	通过重新生产系统或引进先进技术,提高价值链中加工流程的效率
产品升级	通过引进新产品或改进已有产品比竞争对手更有效率,移向更先进的生产线(增加单位价值)
功能升级	重新组合价值链中的环节,以提高经济活动的附加值。获得新的功能或放弃已有的功能,增加经济活动的技术含量。例如,从生产环节向设计环节和营销等利润丰厚的环节跨越,改变企业自身在价值链中所处的位置
链条升级	从一条价值链跨越到一条新的、价值量高的相关产业的价值链,企业把在一产业获得的能力应用到另一个新的产业,或转向一个新的全球价值链中

在产业链中,附加值更多体现在两端的设计和销售环节,处于中间环节的制造附加值最低,这一价值链升级理论被称为微笑曲线,如图 3.3所示。

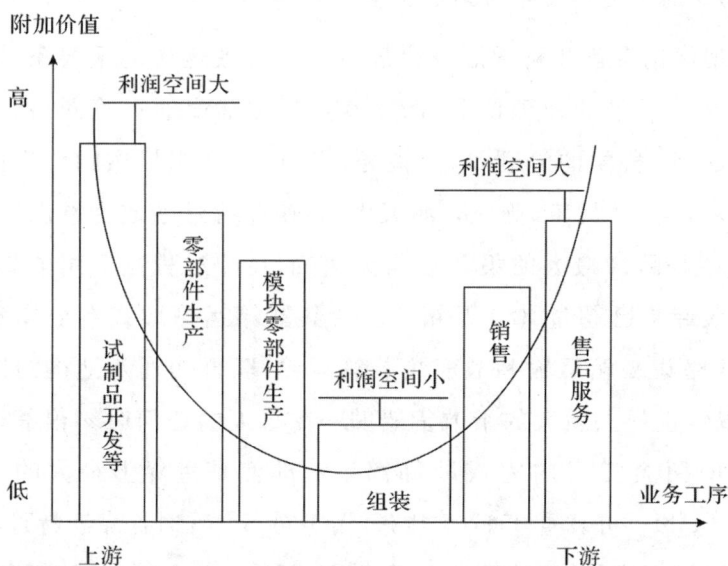

图 3.3　价值链升级理论(微笑曲线)

微笑曲线中间是制造;左边是研发,属于全球性的竞争;右边是营销,主要是当地性的竞争。当前制造产生的利润低,全球制造也已供过于求,但是研发与营销的附加价值高,因此产业未来应朝微笑曲线的两端发展,也就是在左边加强研发、创造智慧财产权,在右边加强客户导向的营销与服务。

一、价值链下游升级的成功案例

1. 鹿特丹港

鹿特丹港地处荷兰莱茵河与马斯河的入海口,位于河口三角洲平原,是天然避风深水良港。从港区面积来看,鹿特丹港港区总面积105.56平方千米,岸线长度为40千米。其中,工业区面积52.57平方千米,港口水域面积52.99平方千米;港口同时可供600多艘千吨船和30多万艘内河船停泊,年吞吐货物4亿吨左右,年容纳进港轮船3万多艘。

(1)从简单的物流中转港向工业港转变

1)现代化设备和科学服务是鹿特丹港高效运作的重要条件之一。凭借其独特优越的地理位置、四通八达的内陆交通运输网络、富有竞争力的服务、科学的管理,以及港务局为广大客户提供的合理的运输市场环境,连接欧、美、亚、非、澳五大洲,使鹿特丹港成为欧洲的门户。鹿特丹港是欧洲最大的集装箱码头,它的装卸过程完全用电脑控制,集装箱装卸量已超过320万箱。主要集装箱运输形式有公路集装箱运输、铁路集装箱运输和驳船集装箱运输,联合四通八达的海陆交通网,可以让世界上最大的干散货船舶—在每天的任何时刻停靠码头—在短短的两至三天内完成装卸离港。即使是世界上最大的干货船Berge·Stahl—可载重364767吨,每隔5周都会准时挂靠鹿特丹港的散货码头—在现代化的装卸设备的帮助下,只需要短短的4天就可以完全卸空。

2)工业园区建设主要围绕物流中转的二次加工做文章。鹿特丹港不仅是中转港口,也是一个庞大的工业园区,大量的货物在工业园区内都可被再次加工。如原油精炼、合成材料的生产、集装箱拆拼箱和按照批发商要求进行水果包装等。在港口和工业园区生产的产品和提供的服务每年可创收 11 亿欧元；港口及与港口业务相关的公司为许多人提供了就业机会，如从拖船船员到信息通信技术专家、从石油交易商到船舶设备供应商、从那些建设起重机的人到那些做休闲娱乐船舶和游船业务的人、从货车司机到化工行业的工程师，直接与间接雇员近 600000 人（其中直接就业人数为 86000 人）；港口及相关辅助产业总产值占全国GDP 的 12%，占当地城市 GDP 的 40%。

3）石化产业是推动工业港转变的重要因素。港区拥有大约 3500 家国际贸易公司，拥有一条包括炼油、石油化工、船舶修造、港口机械、食品等部门的临海沿河工业带。鹿特丹港作为欧洲石化产品、铁矿石、煤等物资最重要的集散地，拥有 4 个世界级的精炼厂、40 多家化学品和石化企业、4 个工业煤气制造商，以及 13 家主要的罐装贮存和配送公司。所有相关的石化作业都通过一个管道网连接起来，管道的总长超过1500 千米。全球著名企业如壳牌、埃索、科威特石油公司都在鹿特丹港落户。

（2）从简单的物流中转向口物流服务业转变

1）港口物流实现一体化服务功能。鹿特丹港在货物码头和联运设施附近大力规划建设物流园区，其主要功能有拆装箱、仓储、再包装、组装、贴标、分拣、测试、报关、集装箱堆存修理及向欧洲各收货点配送等，发挥港口物流功能，提供一体化服务。鹿特丹港拥有各种最先进的化工设施，石化产业基地内部的分工合作也日臻完善，可以为各类石油化工企业的任何产品的生产经营提供最便利的条件。

2）港口物流的发展需要人才的不断积聚。鹿特丹港务管理局不断地进行功能调整，由先前的港务管理功能向物流链管理功能转变，尝试使用近海运输、驳船和铁路等方式，建设信息港，发展增值物流。同时，在港区和城市周围汇聚了大量拥有专业知识和专门技能的各类人才，如船舶管理、租船经纪、货物船舶经纪等。另外，鹿特丹地区的各大高校和教育机构也都积极开展海运相关的研究和教育，同各行各业的人士一同努力建设一个面向未来的现代化港口。

3)政府政策支持相当重要,鹿特丹在港区内实行"比自由港还自由"的政策。它拥有完善的海关设施,优惠的税收政策,以及一支技术先进、生产效率高并懂多门语言的劳动队伍。这一切都为鹿特丹开展面向欧洲的现代化物流服务提供了便利的条件。到目前为止,已经有超过7000家外国公司一致认为鹿特丹是向欧洲、中东、非洲甚至更远的地域开拓市场的最佳地点。

2. 新加坡港

新加坡是一个因港而兴的国家,经过长期的苦心经营,已成为亚太地区重要的国际贸易、国际金融和国际航运中心。

(1)从单一的物流中转向多元化港口业务发展

1960年开始,集装箱运输在世界上逐渐兴起。新加坡抓住机遇,开始大力兴建集装箱专用泊位,首个泊位于1972年投入运营。通过逐步改建和新建集装箱专用码头,配合积极的集装箱中转政策,并与政府当局和相关行业紧密协作,新加坡港迅速发展,转变成为地处东南亚的集装箱国际中转中心。新加坡港的大部分集装箱在港堆存时间为3~5天,其中20%的堆存时间仅为1天。新加坡作为国际集装箱的中转中心,极大地提高了全球集装箱运输系统的整体效能,成为国际航运网络中不可或缺的重要一环。除了海运,新加坡还在空运、炼油、船舶修造等方面具备产业优势,同时又是重要的国际金融和贸易中心。利用这些优势条件,围绕集装箱国际中转,衍生出了许多附加功能和业务,丰富和提高了新加坡作为现代意义上国际航运中心的综合服务功能。其中最具特色的业务包括四方面。

1)建设国际集装箱管理和租赁中心,提高了集装箱运转效率。发达的集装箱国际中转业务,吸引了许多船公司把新加坡作为集装箱管理和调配基地,形成了一个国际性的集装箱管理与租赁服务市场。在许多港口经常会出现一些船公司因为没有足够空箱可以提供,只能眼看生意转到其他船公司的情况。由于集装箱管理与租赁形成了市场,这种因为缺少空箱而丢失生意的情况在新加坡便很少发生。

2)通过空港联运,港口获得发展的必要条件。空港联运是新加坡海港与新加坡航空港合作开展的一项增值业务。它是指通过海运和空运的配合与衔接,由交往地利用两种运输方式的优点,满足用户的特殊需求。空港联运本身并没有给新加坡带来可观的箱量和收入,但它确实满足了客户的应急之需,极大地提升了客户对新加坡港的信任度和新加坡作为国际航运中心的知名度,从长期来看,在更广泛的意义上为新加坡港带来了丰厚的回报。

3)通过附加值的服务,提高港口物流的吸引力。一是国际船舶燃料供应业务。新加坡是世界第三大炼油中心,世界排名前列的壳牌、埃克森美孚、BP等石油公司均把新加坡作为石油提炼和仓储基地。产业的规模效应使得船用成品油的价格相对较低,加上位于国际航线的要冲,新加坡已发展成为国际船舶燃料供应中心,往返欧亚航线的船舶大部分选择在新加坡或鹿特丹两地加油。二是国际船舶换装、修造中心。新加坡港拥有一个40万吨级的巨型旱船坞和两个30万吨级的旱船坞,能够同时修理的船舶总吨位超过200万吨,是亚洲最大的修船基地之一。在为船舶提供维修服务的同时,新加坡港还提供国际船舶换装与修造一体化的服务。需要检修的船舶往往满载货物从其他港口驶往新加坡,将货物在新加坡港换到其他船舶后,就近在新加坡进行维修,节省了成本,方便了船主,也为新加坡的修船业带来了更多的生意。

4)政府政策扶持港口物流业务。新加坡港有天然优越的自然地理位置,港口物流一直被列为国家重点产业之一加以大力发展。政府一贯重视发挥港口的优势,将港口视为新的重要生财之道,因此能从长远的战略发展角度来规划港口的发展,在扩充、改善、提升港口相关设施水平和能力方面,既有资金支持,包括政府投资、民间企业投资和国外投资,又有技术和人力保障,使新加坡港基础设施始终保持世界先进水平。新加坡港自1996年开始,对进港装卸的集装箱船运输公司实行多种收费方面的优惠待遇,对订有长期使用港口合同的海运公司则实行更为优惠的收费,甚至免收港口使用费。另外,港口不断改善服务,采用电子技术降低业务管理费用,将部分利润转让给海运公司。

(2)提升港口物流产业的生产性服务水平

新加坡政府注重先进电子技术在港口行业中的运用,注重以先进的电子设备装备港务服务项目。港口内的调度、计划、日常业务、船只进出港指挥、安全航行、与货主及海运公司的业务商谈等均大量采用电子技术,既提高了效率,又节省了大量人力费用支出。

1)电子信息平台的建设有效促进了港口物流水平发展。新加坡作为国际航运中心,集合政府职能部门、航运公司、物流企业、金融和法律服务机构等一起高效运作,实现诸多复杂的功能,主要得益于高科技的应用。构筑新加坡国际航运中心信息平台的主要是 Tradenet 和 Portnet 这两个电子信息系统。早在 1990 年,新加坡就投资建立了全国 EDI 贸易服务网——Tradenet。该网络通过横向联合,把新加坡所有国际贸易主管机构连接到一个整体系统网络中,实现各部门之间的信息共享。通过垂直联合,已与 5000 多家公司的管理信息系统实现联网,确保信息流的畅通。Portnet 系统是一个国家范围内的电子商务系统,该系统连接整个航运界,包括政府相关职能部门、代理、海关、港务集网、港口用户等,并逐步向世界其他港口延伸。Portnet 系统有 7000 多家用户,平均每年处理超过 7000 万宗交易。可以说,正是有了这样一个全社会共享的电子信息平台,才使得新加坡的国际航运中心的功能得以有效发挥。

2)实行自由港政策。新加坡同世界上许多国家签订了自由贸易协定,这些国家包括美国、日本、加拿大、中东等国家和地区。实行自由港政策是分享全球自由贸易权利、提升国际竞争力的有效手段。新加坡实行的自由港政策,具体体现是实行自由通航、自由贸易,允许境外货物、资金自由进出,对大部分货物免征关税,等等。实行自由港政策极大地方便了货物的流通,节省了贸易成本,带动了集装箱国际中转业务的发展,提升了新加坡的国际竞争力,使新加坡在国际航运、贸易和金融业务中都发挥着举足轻重的作用。

3)港口管理和经营职能分开,实行域外经营战略。从 1996 年开始,新加坡开始改革港口管理体制,把港口的管理和经营职能分开。设立新加坡海事和港口局（MPA）负责港口管理，设立新加坡港务集团（PSA）负责港口生产和经营，对 PSA 进行股份制和私有化改革。同时，为了适应经济全球化和国际化要求，按照全球供应链管理模式，进行口岸作业流程再造，积极推动现代物流业的发展。此外，通过港口体制改革强化 PSA 作用，突出其港口经营能力，赋予 PSA 域外投资经营权，并配合国家区域发展战略，在"金砖四国"（中国、印度、俄罗斯、巴西），建设异国"飞地"工业园区，在全球范围内抢占集装箱运输市场。

4）积极发展临港工业。新加坡港具有发达的临港产业体系和物流服务体系。新加坡充分发挥港口的综合区位优势，利用海港的天然水深、便利的交通体系和宽阔的土地资源的优势，在裕廊码头周围建成了新加坡最大的工业区——裕廊工业区，形成了以电子电器、炼油和船舶修造为三大支柱的工业产业，这促使新加坡在 20 世纪 70 年代成为世界重要的炼油和造船中心。裕廊在发展临港工业的同时，借鉴欧洲和日本临港工业发展的经验和教训，改变了重化工业集中布局的局面，进行综合开发，逐步形成了一个轻、重工业合理布局，环境优美的临港工业区。目前，新加坡港已成为全国的经济中心，该港不仅是世界上电脑磁盘和集成电路的主要生产地，而且炼油业也很发达，是仅次于休斯敦、鹿特丹的世界第三大炼油中心。为满足第三方物流发展和顾客的需要，新加坡港已在裕廊码头建立了物流中心，培育港口物流链，港口与加工业联合发展。港口园区建设与吸引外资相结合，将一些临港土地和泊位提供给跨国公司作为专用中转基地使用，鼓励大型跨国企业在港区建设物流中心、配送中心等。这样，港口物流为临港工业提供专业、高效的物流服务，提升加工工业水平，进而又促进港口经营效益的提高。

二、价值链上游升级的成功案例

1. 韩国

韩国为实现海洋发展目标，建设五大海洋强国，提出了创造有生命力的海洋国土、发展以高科技为基础的海洋产业、保持海洋资源的可持续开发三大基本目标。由此可见,发展海洋新兴产业已经成为韩国产业发展的未来导向。

(1)发展海工装备

韩国造船业已将海洋工程作为未来 10 年的经济增长点。韩国造船业积极积蓄技术实力,培养相关技术人才,并确定了实施海洋工程战略的三大具体领域:深海海洋结构物、新概念气体运输船和船舶型海洋结构物。韩国造船业实施海洋工程战略的主要依托是现代重工、三星重工和大宇造船三家大型造船企业。2015 年,韩国新接订单 3205 万载重吨,同比增加 12%,全球市场份额达 39%,居全球首位。

韩国海洋工程装备产业演化路径:韩国进入海洋工程市场始于 20 世纪 80 年代中期,早期产品基本上以海洋工程供给船和浅海钻井船为主,伴有少量的浅海固定式平台设备,产品份额占造船总量的比重很小。进入 90 年代,随着国际能源市场对海洋石油需求的增加,以及海洋工程高新技术的迅速发展,国际海洋工程业进入一个高速发展期。韩国船厂从 90 年代中期开始,不断加大对海洋工程设备市场的培育。当前,韩国几家大船厂在海洋石油平台、FPSO、海洋石油管路集输设备等方面均具备了较强的制造能力。产品生产领域,已由 90 年代中期的海洋石油钻井船、固定式海洋钻井平台、FPSO、FSO 等设备的生产及改装发展扩大到目前国际先进水平的大型半潜式钻井平台、深海张力腿式半台、自升式钻井平台等复杂设备的建造领域。平台建造领域,韩国船厂通过合作和自我研发等途径,逐步掌握了深海平台的关键技术,打破了美国和欧洲的市场垄断。

(2)从三大船型向高技术船舶制造转型

从 20 世纪 70 年代开始,韩国造船业逐步发展并赶超日本,2000 年,韩国超过日本成为新的世界造船霸主。特别是 2008 年以来,受国际金融危机的影响,欧洲的几大造船厂(阿可尔、大西洋船厂)已被韩国的 STX 集团收购。2010 年,中国造船业三大指标全面超越韩国,居世界第一。2011 年,韩国重回第一。到了 2017 年,韩国造船业时隔 5

年再返全球第一。

韩国已经从传统船型制造向高技术船舶制造转型。目前在全球造船业中,中、韩两国主导着世界新船市场。从中、韩两国来看,两者的接单结构呈现出明显的差异。中国船企凭借成本及规模优势承接了大量散货船订单,散货船接单占比高达70%。韩国造船业已经将发展重心转移至大型集装箱船、海工船等高技术船舶领域并承接了大量订单。在2015年,韩国造船业油船订单占新接订单的40%左右,集装箱船占比超过30%,散货船占比仅为10%左右。在批量高附加值船舶带动下,与以散货船建造为主的中国造船业相比,韩国造船业总体接单金额和平均接单金额均是中国造船业的3倍多。显然,高附加值船舶,浮体钢结构、数字化造船,这些领域是韩国未来发展的重点。在船舶型海洋结构物方面,韩国未来会重点开发液化石油气船、液化天然气船和海洋结构物功能相结合的船舶型海洋结构物。

从全世界特种船接单率来看,韩国企业已经在高附加、高技术船领域占据主要份额(见表3.6)。

表 3.6　韩国高附加、高技术船型订单份额

年份	船型	全球订单	韩国船企	份额占比
2005—2008	LNG 船	138 艘	102 艘	74%
2009(1—5 月)	海洋油气勘探船和 LNG 船	16 艘	16 艘	100%
2010	深海钻井船	24 艘	17 艘	70.8%
2012—2013	海洋浮式生产储油船	4 艘	4 艘	100%
	LNG 船	—	—	70%

现代重工、三星重工、大宇造船海洋、STX 造船是韩国船舶制造业龙头,它们的发展方向也代表了韩国船舶制造行业的发展趋势,为了进一步分析韩国船舶制造业的发展,我们收集了船舶重点企业主力船型的变化趋势(见表3.7)。

表 3.7　韩国重点企业船型制造方向

企业	主力船型	船型类别	主要特点
现代重工	LNG 船	新船型	为美国航运公司建造的目前世界上最大的薄膜型 LNG 船(21.6 万立方米)上应用了"再液化装置"和"选用柴油动力主机"两项新开发的技术
三星重工	阿芙拉型油船	传统船型	提出"Giga 分段造船法",将船体分为 3～4 个分段,每个分段最大可达 5600 吨,长 70～100 米。该方法可有效提高船坞的利用率,使船舶建造时间缩短 2～22 天
三星重工	大型集装箱船	传统船型	提出"Giga 分段造船法",将船体分为 3～4 个分段,每个分段最大可达 5600 吨,长 70～100 米。该方法可有效提高船坞的利用率,使船舶建造时间缩短 2～22 天
三星重工	LNG 船	新船型	提出"Giga 分段造船法",将船体分为 3～4 个分段,每个分段最大可达 5600 吨,长 70～100 米。该方法可有效提高船坞的利用率,使船舶建造时间缩短 2～22 天
大宇造船海洋	LNG-RV 船	新船型	用巨型总段方法建造,首先对船首的 4 个分段进行总组,形成重达 2580 吨的巨型分段,然后再通过浮吊进行船体组立,从而达到缩短建造周期的目的。与其他巨型分段不同,LNG-RV 船艏部极其复杂,需要安装天然气传输装置
大宇造船海洋	WIG 船	新船型	该实验船总长 77 米、型宽 65 米,航速高达 250～300 千米/小时,航行时悬浮在海面上方 1～5 米,载重量最高达 100 吨,自重 300 吨
STX 造船	LNG 船	新船型	
STX 造船	超大型集装箱船	传统船型	

2. 新加坡

新加坡由造船、修船大国向海工装备大国转型。

1993 年以前新加坡船厂还没有从事海工装备行业企业,到目前,海洋工程,包括 FPSO 改装项目,占新加坡海事业整体营业额的 80% 以上。据新加坡海事工业商会(ASMI)的数据统计,1993 年造船业的营业额占总营业额的 28%,而 2003 年下降到 19%;1993 年造船营业额占船厂总营业额的 64%,而 2003 年下降到 26%;1993 年造船营业额占新加坡船厂总营业额的 4%,到2003 年则提高到 20%(浮式生产储存卸载装置(FPSO)改建工程在 2003 年占 35%)。

新加坡 70% 以上的船厂业务都集中在海洋工程建造领域,在自升式和半潜式平台的设计、建造方面处于世界领先地位；新加坡吉宝和胜科海事在海洋工程设备建造方面也久负盛名，技术力量十分雄厚，在自升式钻井平台、半潜式钻井平台和改装 FPSO 市场的占有率都相当之高。新加坡吉宝在过去 10 年里承造的自升式钻井平台数量居世界第一。

新加坡海洋工程装备制造转型成功的因素：一是新加坡与欧美、韩国在技术与生产方面紧密合作，早在 30 多年前就锁定海洋工程的研究开发和建造，有专门的研发机构和人才；二是船厂在项目管理方面，项目经理对专业精通，全面承包平台组件的所有建造任务，管理人、财、物，而且有印度、巴基斯坦等国家廉价劳动力作支撑；三是采用国际配套，技术含量高的部件如齿条、桩腿、井架等皆由专业制造厂制造，船厂进行总装，船厂只建造平台的本体钢结构。

新加坡海洋工程装备制造领域的主要特点，在于新加坡船企各有特色：第一，大型船厂不断扩展在海洋工程方面的业务领域。如 FPSO、吉宝等公司都接获了钻井船订单。虽然订单不是选新船，只是改装船，但这些中部带井口铁塔的钻探船对于新加坡船厂来说已是一个全新的领域。第二，新加坡小型船厂开始集中建造诸如锚拖三用工作船等近海供应船。通过与全球领先的近海供应船建造公司如挪威的阿克尔船厂、KlevenVerft 船厂及美国的林格尔船厂进行了一番激烈的竞争后，新加坡的一批中小型船公司，如成功控股、如同海运、泛联海事和洪新刘海运等，已占有全世界近海供应船市场近四分之一的份额。同时新加坡和中国进行了一系列的合作。2006 年，新加坡太平洋海洋工程项目在浙江舟山市长白乡奠基。该项目主要投资建设海洋石油勘探平台、海上浮式储卸装置。项目总投资 2.5 亿美元，分三期推进，其中一期投资 1 亿美元，项目全部竣工期为 5～7 年，全部建成投产后年产值可达 100 亿美元。2008 年，新加坡吉宝集团与南通市政府签订了总投资 1 亿美元的吉宝海洋工程项目合作协议。公司注册资本 3500 万美元，建成后可形成 20 亿元人民币的年销售规模。

第三节　定海海洋新兴产业选择思路

定海海洋新兴产业的发展是建立在舟山群岛新区基础之上的。因此,根据浙江舟山群岛新区发展规划,研究未来舟山的定位与定海海洋新兴产业之间的关系是首要条件。这一点可参考张江高科技园区这一引培产业的典范。

一、张江高科技园区的成功经验

上海市张江高科技园区成立于 1992 年 7 月,位于浦东新区中部,规划面积 25 平方千米,分为技术创新区、高科技产业区、科研教育区、生活区等功能小区,是国家级的高新技术园区,是浦东新区四个重点开发区之一。

2010 年园区经营总收入达到 1100 亿元,年总收入增速达 15% 左右,成为中国高科技产业化的龙头区域。日前,上海张江高科技园区正在全力打造十大拥有自主创新能力的国家级高科技战略产业平台——集成电路制造与装备平台,移动终端产品集成平台,多元化多模式显示终端,生物医药研发、产业化平台,物联网基础设施技术平台,商用大飞机设计研发平台,数字内容与互联网技术平台,金融后台服务平台,低碳技术、高端价值链平台,现代农业示范推广平台。建有国家上海生物医药科技产业基地、国家信息产业基地、国家集成电路产业基地、国家半导体照明产业基地、国家 863 信息安全成果产业化(东部)基地、国家软件产业基地、国家软件出口基地、国家文化产业示范基地、国家网游动漫产业发展基地等多个国家级基地。

事实上,张江高科的发展环境与舟山有很高的类似程度(见表 3.8),因此,分析张江高科发展轨迹对舟山定海的发展具有很高的借鉴意义。

表 3.8　张江高科与舟山定海对比

	张江高科	舟山定海
区域位置	上海浦东新区中部	浙江东部沿海
区域面积	25 平方千米	30 平方千米
政策优势	1. 1999 年 8 月,上海市委、市政府颁布了"聚焦张江"的战略决策 2. 2005 年国家发改委通过国家级开发区	1. 2011 年 2 月,国务院批准浙江海洋经济示范区 2. 2011 年 6 月,国务院批准浙江舟山群岛新区
初始条件	无产业基础	船舶制造、海洋渔业、机械制造等
主要产业	集成电路及软件制造、生物医药研发	规划中

张江高科技园区从 1992 年开园以来,在不同的发展阶段,企业(产业)引进、孵化、培育、运行机制都呈现出不断发展和递进的过程,详见图 3.4 和表 3.9。

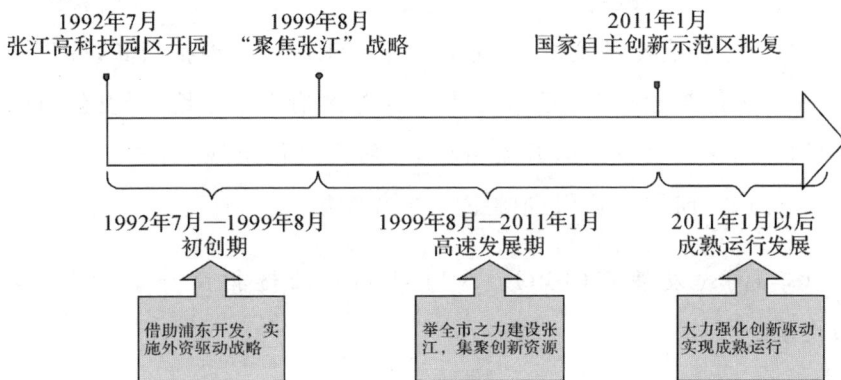

图 3.4　张江高科技园区发展阶段

表 3.9　张江高科技园区阶段发展特点

发展阶段	管理模式	引进方式	阶段特征	大记事
初创期 (1992—1999)	政府主导、企业运作	土地开发、土地出租、土地换项目	借助浦东开发,实施外资驱动战略	1992 年,张江开园、张江高科技园区开发公司 1995 年,首家企业入园投产

续表

发展阶段	管理模式	引进方式	阶段特征	大记事
快速发展期 (1999—2011)	企业主导、政府服务	产业链招商、多层次孵化器、租金换股权	举全市之力,集聚创新资源	1999年,"聚焦张江" 2000年,第一例孵化成功并落地张江的企业 2006年,"一体两翼"的发展战略 2008年,张江园区孵化器管理公司正式开业
成熟运行期 (2011年以来)	企业主导的市场化运作	VIC模式＋创新股权激励	大力强化创新驱动	2011年,"国家自主创新示范区"批复

（一）初创发展时期（1992—1999 年）：土地换项目

张江高科技园区从 1992 年开始,借力浦东开发实施外资驱动战略,完成了高新区的原始积累。张江以土地开发、批租为主的"滚动空转开发"模式,为浦东开发筹集了大量的资金。张江高科公司扮演着园区开发者的角色,拥有土地资源,业务收入主要来源于土地批租和政府补贴,将国家的土地批租给"较好"的项目。通过政府批租土地,开发公司以土地使用权向银行贷款获取开发资金,然后再批租土地,引进项目的筹资方式成为这个阶段产业引进的主要方式。

（二）高速发展期（1999—2011 年）：产业链招商＋平台式（孵化器）发展

1999—2011 年的高速发展阶段,上海举全市之力来建设张江高科技园区,引进大批国内外知名企业和海内外高层次人才。1999 年,上海市委、市政府颁布"聚焦张江"战略。"聚焦张江"实施头三年引进项目 476 个,是"聚焦"前园区 7 年引进项目总数的 5.4 倍,吸引投资额是"聚焦"前的 7.7 倍,固定资产投资达到"聚焦"5.7 倍、税收达到 6.8 倍。在高速发展的十余年间,张江高新区经济总量以年均 30％以上的速度不断攀升,2010 年"一区六园"共实现科技工贸总收入 6618.77 亿元,平均每平方千米实现科技工贸收入 184 亿元,亩均经济产出名列全国国家级高新区前列。

1. 产业链招商模式——现有产业推进

张江园区通过推进产业链发展模式,在较短的时间里,在集成电路、软件等产业领域(这些产业在初创时期已经有一些,但是园区内都是小规模、代加工、产业相对层次较低的企业),快速实现了中外资相关企业的高度聚集,形成了强大的产业群体。正是由于有这些生产制造企业的持续发展,提升产业能级,实现技术与服务的本地化才变得更具吸引力,研发中心也就具备了快速进入的前提条件。

通过"产业链招商"的思路,强势引进"龙头企业",迅速形成人才、技术、资金的集聚,推动主导产业和知识创新融合发展,产业集群效应凸显,如在开园之初引进了外资的中芯国际和宏力半导体,这两家企业在一期投资分别高达 15 亿美元和 16 亿美元,随后一批相关企业纷纷入驻张江。如今,除中芯、宏力、华虹三大芯片制造企业,张江还集聚了150 家芯片设计企业、12 家封装测试企业、2 家光罩企业、34 家设备配套企业,总数超过 200 家,形成完整的产业链集群。再以企业需要为切入点,大力引进国家级、市级科研机构和国内外知名高校,其中聚集研发机构 800 余家,同时辐射光源、传统及海洋工程国家级实验室和超级计算中心等一批大科学装置创新基地落户于此。在这基础上,新技术、新产品、新标准不断产生,张江高科内龙头企业在 2010 年取得了四项国际技术特等奖——世界首台 20 流明平方微型激光投影仪,世界首款第三代电子书,中国第一款具有自主知识产权商用微机点陀螺仪等成果。

2. 企业孵化器——培育新兴产业

高速发展阶段,张江高科确立了以生物医药产业作为新兴产业,以企业孵化器的形式推进新兴产业的发展(期间培育了 3 家生物医药上市公司:复旦张江、睿星基因、和记黄埔)。2008 年,张江集团新成立了孵化器管理中心。新建了标杆孵化器,并将以此为平台,充分整合园区孵化服务资源,全面提升园区孵化服务水平,形成专业孵化、自由孵化、高端孵化等多层次孵化体系。企业孵化器培育了大量扎根于张江的生物医药企业,这些中小企业大都以研发为主。

张江园区推出新型孵化器运作模式在提供集约式空间服务的基础上,整合现有政府扶持、产业联盟、公共技术平台及专家顾问等公共资源,提供包括物业、公关、行政、会计、法律、投融资在内的一系列专业服务,并根据企业不同的发展阶段提供针对性的阶梯式服务,如图 3.5 所示。目前张江集聚生物医药领域相关机构 400 多家,形成了包含罗氏(生产基地、药品中心、研发中心)、辉瑞(研发中心)、诺华(研发中心)、阿斯利康(研发中心)、葛兰素史克(研发中心、生产基地)、礼来(研发中心、外包合作机构)、雅培(研发中心)等跨国公司,惠生控股为主的国内大型

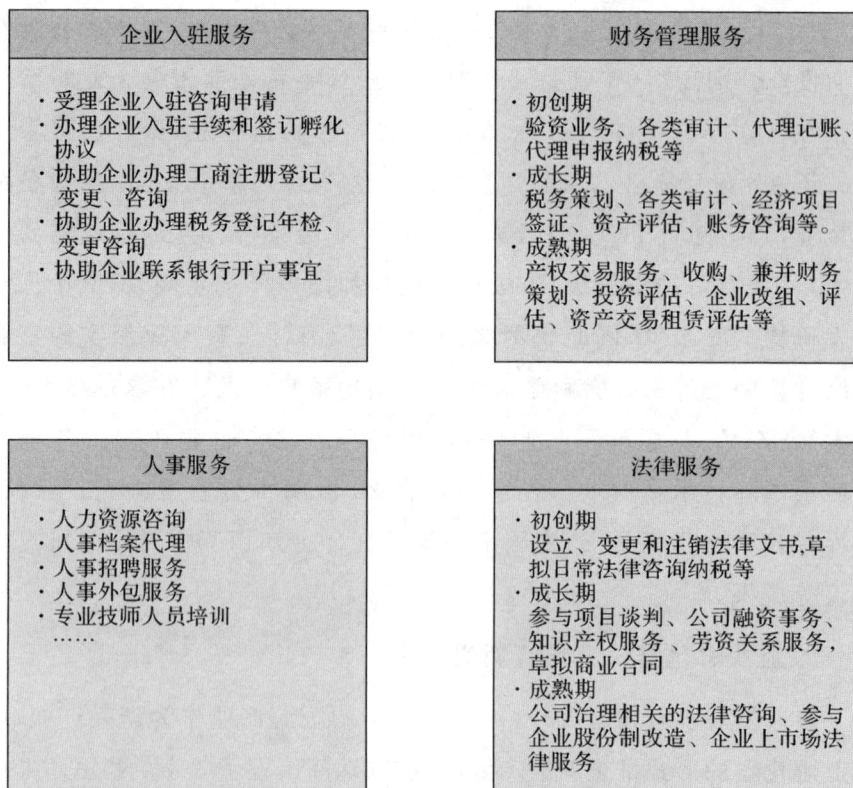

企业入驻服务	财务管理服务
·受理企业入驻咨询申请 ·办理企业入驻手续和签订孵化协议 ·协助企业办理工商注册登记、变更、咨询 ·协助企业办理税务登记年检、变更咨询 ·协助企业联系银行开户事宜	·初创期 验资业务、各类审计、代理记账、代理申报纳税等 ·成长期 税务策划、各类审计、经济项目签证、资产评估、账务咨询等。 ·成熟期 产权交易服务、收购、兼并财务策划、投资评估、企业改组、评估、资产交易租赁评估等

人事服务	法律服务
·人力资源咨询 ·人事档案代理 ·人事招聘服务 ·人事外包服务 ·专业技师人员培训 ……	·初创期 设立、变更和注销法律文书,草拟日常法律咨询纳税等 ·成长期 参与项目谈判、公司融资事务、知识产权服务、劳资关系服务,草拟商业合同 ·成熟期 公司治理相关的法律咨询、参与企业股份制改造、企业上市场法律服务

图 3.5 张江高科科技园孵化器服务内容

企业集团,以及其他从事医药中间体、化工中间体的中小企业的生物医药产业集群。

3.平台式发展模式

在搭建技术平台上,张江园区新建了国家人类基因组南方研究中心、国家新药筛选中心、国家新药安全评价中心、上海光源工程中心、上海超级计算等国家级研发机构,它们与GE、杜邦、霍尼韦尔、罗门哈斯等跨国公司研发中心,共同构筑起园区最高层面的技术平台。通过企业化和市场化运作,园区初步搭建起一些研发创新的公共型技术支持平台,如软件增值平台、生物医药外包平台等。另外,园区还建立起众多公共科研实验室、公共测试、检测中心等。

4.园区平台运营模式

2000年,张江开发公司开始了第一次战略转型,提出“土地资源深加工”,逐步改变原来直接批租土地的经营方式,逐步改为通过建造物业,如办公研发楼、厂房、住宅、酒店、休闲中心等,再进行租售,将土地开发的价值链向下游延伸,以稳定的物业收入保证公司的稳健发展。同时,为解决高科技企业初始资金问题,张江开发公司开始了风险投资,采取以租金换股权的方式对园区内部分企业持股,将房产开发和高科技项目进行有机结合,使得被投资企业的盈利成为未来张江开发公司的现金流入和利润来源,而张江开发公司通过企业股权的协议转让或上市实现投资变现。2006年,张江开发公司开始二次创业,提出了“一体两翼”的发展战略,即以张江高科技园区特色房产营运为主导,专业化创新服务提供和高科技产业投资为增值两翼的产业互动发展战略,实现由普通房地产公司向现代高科技创新园区开发运营商、创新服务集成商和高科技项目投资者的战略转型,如图3.6所示。

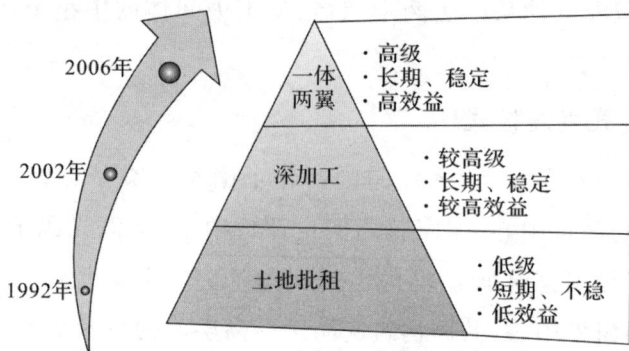

图 3.6　张江高科技园区土地开发发展

（三）成熟期运行发展（2011年以来）：模式创新—新兴产业培育路径选择

2011年3月，国务院正式批复上海张江高新区建设国家自主创新示范区，由此，张江成为继北京中关村、湖北武汉东湖后第三个国家自主创新示范区。2011年，张江高新区内企业营业总收入达8231.84亿元，同比增长23.4%。而到2020年，张江高新区将基本建设成为世界一流高新区，成为具有全球影响力的科技创新中心、高端人才集聚中心、科技金融中心、技术交易中心、高新技术产业发展基地和政府管理创新示范区。

张江高科通过开展企业孵化、产学研合作、新兴产业培育、投融资行政管理等方面的改革试点，形成了开放、公平的市场环境，较为完善的科技基础设施和丰富的专业服务资源；以海外背景创业者同时在国内外设立研发团队为特点的"双轮驱动北美创新模式"，以及基于研发外包的"VIC创新模式"。

"VIC"是风险投资（VC）、知识产权公司（IPC）和研发外包（CRO）相结合的，创新与投资深度互动、高度融合的创新模式。风险投资者通过CRO的实验数据可以全面了解新药成果的商业化全过程，据此提供一个信用额度，按实验进展和商业化阶段提供资金，如果达不到目标，随时可以停止资金供给。在每个实验阶段和商业化过程中，投资者都可选择是否退出，也可长期分享产品商业化后的利益。园区研发外包企业桑迪亚的创始人王晓川与张江集团联合打造的这一模式有效破解了新药研发风险巨大、难以评估与掌控的投资瓶颈，极大地释放了创新活力。

二、定海海洋新兴产业发展思路

舟山群岛新区的定位是浙江海洋经济发展的先导区、长江三角洲地区经济发展的重要增长极、海洋综合开发试验区。

定海海洋战略性新兴产业发展的战略思路：

1）产业定位：增长质量最好、产业结构最优、发展潜力最大的产业（依据：浙江海洋经济发展先导区）。

2）产业目标：推动海洋经济结构转型升级、临港工业优化布局、科教人才培育引进、生态环境科学保护、国际合作深化拓展、管理服务能力整合提升（依据：海洋综合开发实验区）。

3）产业发展：引进和培育，"两条腿走路"（依据：引进——海洋综合开发实验区；培育——长江三角洲地区经济发展的重要增长极）。

第四章
舟山定海海洋新兴产业的选择

第一节 定海产业现状

目前,定海区已基本形成船舶修造、机械制造、水产加工、粮油加工、海洋石化、纺织服装等六大传统主导产业,如图 4.1 所示。

1.船舶修造业

2015 年,船舶修造业产值 239.98 亿元,增长 10.7%,行业内产值上亿企业 12 家,上 10 亿企业 7 家。造船完工量 55 万载重吨,新承接订单 63 万载重吨。目前该产业主要集中在定海西北部的定海工业园区内及长白岛。

2.机械制造业

2015 年,机械制造业产值 91.19 亿元,增长 1.6%。主要生产纺织机、注塑机、料筒螺杆、增氧泵等各类机械及配套产品。其中,塑机螺杆业实现产值 50.4 亿元,同比增长 0.1%。区内现有塑机螺杆生产及配套企业 700 多家,产品全国市场占有率在 80% 以上,塑机螺杆核心生产区域在金塘镇。

船舶修造业
- 船舶制造
  - 集装用船
  - 散货船
  - 化学品船
  - 特种船
  - 游艇
- 船舶配套
- 绿色拆船
  - 绿色拆解工艺
  - 油污收集处理系统
  - 计算机控制系统
- 海洋工程装备产业
  - 大功率多用途海船
  - 浮式生产储存卸货装置
  - 海工修理和改装

机械制造业
- 塑机螺杆
- 纺织机
- 港口机械
  - 塔吊
  - 合金钢铸件
  - 制砂机
  - 空压机

水产加工业
- 水产品精深加工
  - 生物医药
  - 旅游休闲食品
  - 功能模拟食品
  - 餐饮配菜水产品
- 水产品保鲜加工
  - 冷冻
  - 干制品
  - 罐头
  - 鱼糜

粮油加工业
- 粮油储藏
- 粮油加工
  - 饲料物
  - 植物食用油
  - 磷脂
  - 葡萄籽油
  - 核桃油
  - 杏仁油
  - 大米加工及碎米深加工
  - 啤酒生产

海洋石化业
- 芳烃及其衍生物
- 调和燃料

纺织服装业
- 麻、毛、绢、丝成套纺织装备制造
- 织造、印染后整理
- 服装成衣生产

（以上为"定海区传统产业"分支）

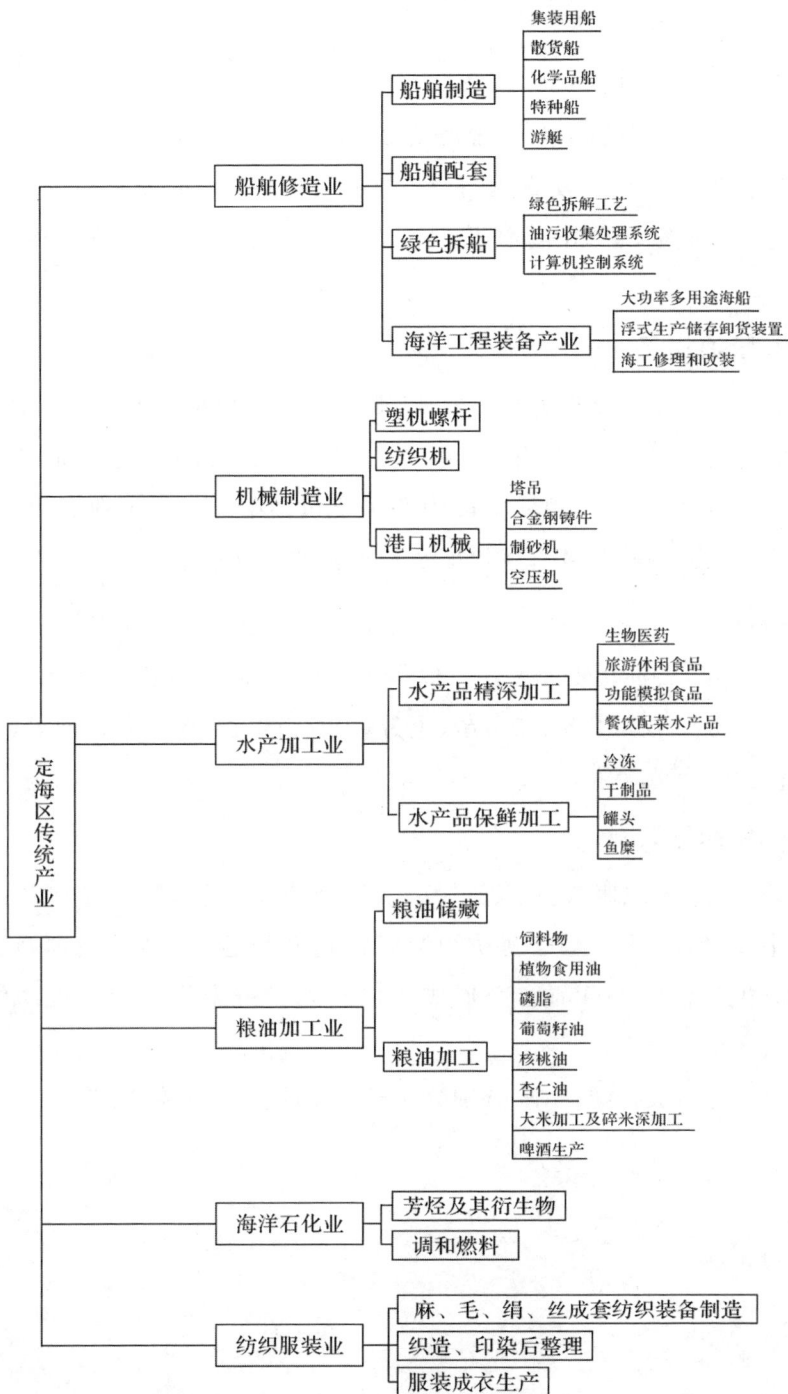

图 4.1　定海区现有产业分布

3.水产加工业

2015年,水产加工业实现产值35.7亿元,同比增长6.5%。主要生产鱿鱼丝、鱿鱼片、安康鱼、虾仁、蟹肉、鱼糜等水产加工品。行业内上5亿企业4家,超10亿企业1家,产品主要出口日本、美国、欧盟、韩国等。

4.粮油加工业

2015年,粮油行业实现产值47.97亿元,同比增长6.7%。主要集中在定海区双桥镇,2011年10月成立了舟山国际粮油集散中心建设开发管理委员会。目前,粮油集散中心主要包括中海粮油工业有限公司、和润物流、英博啤酒、省直属粮库及泰丰粮油等五家企业。

5.海洋石化业

2015年,石油化工业实现产值282.9亿元,同比增长18.6%。目前主要生产芳烃(苯、甲苯、二甲苯、重芳烃)及衍生物、调和燃料油等,行业内产值上亿企业2家,上100亿企业1家。

6.纺织服装业

2015年,纺织服装业产值19.44亿元,增长5.2%。目前产品主要集中在麻、毛、绢、丝成套纺织装备制造及织造、印染后整理乃至服装成衣生产领域。目前已经形成了以金鹰股份为代表的一批纺织服装龙头企业。

定海的六大传统产业,分别分布于四个园区内,具体见表4.1。

表 4.1　定海产业空间分布情况

园区名称	占地空间	目前已开发	园区主要产业及相应情况	龙头企业
定海工业园区	位于舟山本岛西北部,东至小沙镇毛峙码头,南至环岛公路定海工业园区段,西至岑港东海农场养殖塘,北至长白水道;区域范围71.83平方千米,核心区块规划总面积约21.13平方千米,建设用地约11.18平方千米,区域岸线总长10千米,另有托管区块长白岛、外钓岛等区域共约20平方千米	核心区块中的21.13平方千米,目前已开发建设面积4.9平方千米	(1)船舶修造及拆解产业(位于工业园区中部区块,岸线近5000米,目前舟山长宏国际产业园项目投产) (2)船用配件、海洋工程及船舶机械制造等重装备产业(位于东大塘围垦区域,岸线近4000米,目前增洲造船、升宇船舶、顺翔船舶、宝进钢铁等项目建成投产) (3)海洋重化工产业(位于马岙临港区块,岸线近6000米,目前中海石油和世纪太平洋化工项目落户投产) (4)港口物流业(位于小沙镇毛峙区块,面积0.666667平方千米,岸线1000米)	(1)长宏国际 (2)浙江增洲造船 (3)中海石油舟山石化有限公司 (4)舟山世纪太平洋化工有限公司 (5)东方电缆 (6)华舟重工 (7)长航滚装物流有限公司
金塘北部先进机械装备制造基地	总规划用地面积1.266平方千米,可利用土地面积0.882667平方千米,其中商住用地0.052平方千米。园区一期建设用地为园区的启动区		金塘北部先进机械装备制造基地总投资2.2亿元,形成了塑机螺杆、船舶修造、塑料化工、针织机械、建筑材料和服装加工等富有特色的工业体系和产业群体	(1)浙江金星螺杆制造有限公司 (2)浙江华业塑料机械有限公司 (3)光明塑机 (4)浙江华鼎机械有限公司 (5)舟山市通达塑料机械有限公司

续表

园区名称	占地空间	目前已开发	园区主要产业及相应情况	龙头企业
舟山远洋水产品产业园区	位于舟山本岛北部,规划以西码头港口区为核心区,西北至干石览马岙交界处,东南到干石览与白泉交界附近,北起三江码头南部,南至东升社区,西南以疏港公路为界,东北至滨海沿岸,还包括上、下圆山等附属岛屿。本规划区绝大部分位于干石览镇行政范围内,总规划用地面积5.37平方千米	目前,西码头已有5个交易市场,建筑面积为2万平方米,此外,港区建有7万余吨的冷库,1.5万吨保税仓库	(1)国际水产品集散交易区。主要包括水产品投售码头作业区、远洋及外海水产品冰鲜交易区、大宗水产品电子交易区,主要进行水产品装卸、分拣、初级包装、交易等 (2)远洋水产品仓储与物流区。主要安排水产品仓储和冷链、活储物流等,建立依托该物流中心公共冷库和快速配送能力,较低的物流成本,吸引国内外鱿鱼等加工企业集聚;开展超低温金枪鱼的供应和配送能力,打造以舟山为基地,辐射长三角、中国重要城市乃至全世界的超低温金枪鱼供应链 (3)水产品精深加工产业区。集中布置水产品精深加工企业,并适当安排低值综合利用企业和配套生产企业,根据园区发展导向定位,引导企业错位发展,形成规模效应与群聚效应,打造循环经济园区 (4)综合配套服务区。主要包含水产企业商务区、海洋渔业科研成果转化中心(海洋生物科技研发中心、远洋渔业科技服务中心和海洋渔业培训中心)、渔需和生活物资供应服务区和生活配套及居住区。该区域集商务办公、信息交流、科研成果研发与转化、渔需物资保障供应和生活配套及居住为一体的多功能服务区	(1)舟山市西峰水产有限公司 (2)大洋水产 (3)京洲水产

续表

园区名称	占地空间	目前已开发	园区主要产业及相应情况	龙头企业
舟山国际粮油产业园区	规划总面积 4.41 平方千米,规划四至范围为东至临港五路附近,南至码头前沿线,西至小老线附近,北至环岛公路附近		(1)粮油加工 (2)物流仓储 (3)粮油现期货交易	(1)舟山中海粮油工业有限公司 (2)浙江泰丰粮油食品有限公司 (3)省直属粮库 (4)舟山英博啤酒有限公司 (5)和润物流 (6)中储粮舟山直属库

第二节　定海海洋新兴产业发展 SWOT 分析

SWOT 分析方法是一种根据区域自身的既定外部环境、内在条件进行分析,找出区域的优势、劣势及核心竞争力之所在的企业战略分析方法。其中战略内部因素("能够做的"):S—strength(优势)、W—weakness(劣势);外部因素("可能做的"):O—opportunity(机遇)、T—threat(威胁)。

在我国新一轮沿海开发这个宏观背景下,定海海洋新兴产业的发展既要考察本区域的内部优势和劣势,也要考虑到外部机遇与威胁。

一、定海海洋新兴产业发展的优势

随着经济全球化及海洋经济的迅速发展,定海海洋新兴产业发展的战略优势日益突出。

1.区位条件优越

定海地处中国海岸线中心,属南北海运和远东国际航线之要冲,背靠长三角广阔经济腹地,是中国内陆与世界主要港口通航最便捷的起航点之一,与东北亚及西太平洋一线主力港口釜山、长崎、高雄、香港等构成了近 500 海里等距的扇形海运网络,被国务院列入长江三角洲及沿海地区先行规划、先行发展的地区之一。同时,随着跨海大桥东海大桥的建成,定海迅速融入上海、杭州三小时经济圈,成为长三角海上开放门户,见表 4.2。

表 4.2　舟山市海洋资源占全省全国的比例

	数量	占全省比例/%	占全国比例/%
岛屿	1390 个	45	25.7
海域面积	11 万平方千米	42.3	3.7
海岸线总长	2444 千米	35	7.6
深水岸线	279.4 千米	55.2	18.4

资料来源:杭州日报,2011 年 3 月 13 日,A21 版,浙江·热点

2. 罕见的深水岸线资源

舟山港域适宜开发建港的深水岸段有 54 处,总长 279.4 千米,占全省的 55.2%,全国的 18.4%。按每千米深水岸线每年承载 500 万吨吞吐能力的系数测算,舟山港域港口资源可建码头泊位年吞吐量超过 10 亿吨,相当于目前上海港、宁波—舟山港货物吞吐量的总和。港池受群岛环抱,水深浪小,少淤不冻,综合建港条件十分优越,能满足第六代、第七代集装箱船和大型油轮、大宗散货船舶及更先进船型的通行和靠泊,是我国建设大型现代化深水港的理想港址,舟山主要海洋资源与全国沿海省市的对比情况见表 4.3。

表 4.3　舟山主要海洋资源与全国沿海省市的对比

地区	海域面积/ 万平方千米	海岸线/ 千米	深水岸线/ 千米	海岛资源/ 个	滩涂面积/ 平方千米
浙江省	26	6696	506	2869	2606
舟山市	11	2444	279.4	1390	
辽宁省	15	2100	145	506	
山东省	15	3024	270	326	3223
江苏省	18	954	240	16	6873

名称	海域面积/ 万平方千米	海岸线/ 千米	深水岸线/ 千米	海岛资源/ 个	滩涂面积/ 平方千米
上海市	0.7	470	90	24	645
福建省	13.6	3244	180	1546	1325
广东省	35	3368	340	759	1248
海南省	200	1528	110	280	171
广西省	12.9	1595	86	651	1005

数据来源:资料由作者收集获得

3.海洋资源丰富

目前,舟山盛产各类海水产品 500 多种,享有"中国渔都""中国海鲜之城"的美誉。2017 年海水产品年产量在 167 万吨左右。据记载,舟山海域共有海洋生物 1163 种,按类别分:有浮游植物 91 种,浮游动物 103 种,底栖植物 131 种,底栖动物 480 种,游泳动物 358 种,这为今后以海洋生物为原料,运用现代科学方法和技术制造有效药物和海洋药用生物材料创造了良好的资源条件,为大力发展海洋生物医药产业提供了重要的物质基础。

4.产学研平台初具雏形,科技创新平台有序推进

定海目前有浙江海洋大学、浙江大学海洋学院等高等院校,建有摘箬山海洋科技示范岛、定海海洋科技研究院、定海各海洋科技创业中心(科技企业孵化器)等科技创新平台。定海各企业与中科院理化所、中科院南海所、中科院能源所、中科院微生物所等中科院系统,以及浙江大学、浙江工业大学、浙江海洋大学等高等院校的交流合作关系紧密,产学研气氛浓厚。特别是浙江大学海洋学院落户定海,已于 2013 年 9 月开始正式招生,这对定海产学研的可持续推进起到了至关重要的作用。同时,摘箬山海洋科技示范岛的建设推进,为摘箬山岛及其近海海域发展海洋技术装备、海底观测系统、深海科考仪器等国家级海洋装备科研实验基地提供了基础,为高起点打造国家级海洋技术海上公共试验场,支撑开展海洋装备关键技术攻关,提升海洋装备制造业等领域提供了技术

服务。船舶与海工装备产业基地和海洋电子信息产业基地两大产业基地的建设推进为定海发展海洋战略性新兴产业提供了必要条件。再者，定海近年来持续深化院士工作站建设，对科技创新平台有序推进也起到了重要作用。

5.产业集聚平台基本形成

定海逐步形成以定海工业园区为龙头，以定海北部临港重装基地、老塘山粮油加工储运基地、金塘北部先进机械装备制造基地、西码头水产品精深加工基地4个工业基地为支撑的工业发展平台体系。2015年，四大工业集聚区完成工业产值4503902万元，完成基础设施投入393817万元，入驻企业历年累计达到181家。其中定海工业园区是省级"全国装备高新技术园区"，北部临港重装基地集聚，诸如正和、长宏国际等企业均具备较大的产能规模，十分有利于发展各类海洋工程船舶、中小型海上浮式生产储油装置、海工模块、船舶的修造等。西码头水产品精深加工基地集聚了以金洲水产为代表的致力于发展海洋生物医药的企业，将会引导整个定海区水产品加工企业向海洋药物方向发展。

6.海洋产业结构向高附加值、高技术方向发展趋势明显

工业现代化进程进一步加快，基本完成了从纺织服装、水产加工等为主的轻工业向船舶修造、机械制造等为主的重工业转变，临港工业支撑作用明显，发展后劲日益增强。截至2015年，船舶与海工装备制造业实现产值253.09亿元，占全区工业比重为35.2%；临港工业总产值655.79亿元，增长12.7%，占工业总产值的比重为74.2%。

二、定海海洋新兴产业发展的劣势

虽然定海在工业发展上存在着诸多优势，但也存在着一定的发展劣势。

1.海洋新兴产业起步较晚

定海区工业经济总量比较小,近年来虽然发展较快,但经济规模在全省县区排名仍明显靠后,特别是海洋新兴产业的发展起步相对较晚,基础较为薄弱,仅依靠行业内的个别企业带动与支撑,企业竞争实力远不及国内一些大企业。同时,缺乏一批高利润行业和有一定规模盈利能力的海洋新兴产业中的龙头企业支撑全区经济的持续快速发展。

2.海洋新兴产业技术储备不足

海洋新兴产业的发展必须具有很好的技术储备,而舟山相对国内其他港口城市而言在诸如海洋工程装备、海洋生物医药的设计开发、项目建设等方面尚有很多空白,技术储备明显不足,高技术产业比重偏低,高精尖加工能力较弱。同时在大型高端的机械制造上也缺乏相关经验积累,缺乏核心技术和自主品牌,创新能力与国际先进水平仍旧存在差距。

3.土地、岸线等资源要素供给紧张

定海地处海岛,土地资源相对紧缺。同时,随着城镇化的推进,土地、岸线资源愈趋紧张(大部分海岸线已经被完全开发),这与临港工业大项目发展需要大量土地存在较大矛盾。总体来看舟山土地资源有限,土地价格正逐渐攀升,给企业的发展带来压力。

4.人力资源约束越来越明显

定海人力资本约束主要体现在两个方面:第一,技术工人、熟练工人短缺。中西部地区工业的崛起,东部地区用工荒开始显现,工人工资成本上升,企业招工难,已经成为定海产业发展的瓶颈。第二,高级人才难以被吸引。与上海、杭州相比,由于定海地处海岛,物价、房价等生活成本相对较高,又是交通运输的末端,总体而言来往交通并不是非常便捷,加上外地各种吸引高新技术人才的政策及发展前景比舟山更加优越,专业人才很难留住。

三、定海海洋新兴产业发展的外在机遇

1. 舟山群岛新区建设，加速定海新兴产业的发展

国务院在给予新区的任务中提到，要把舟山打造成中国重要的现代海洋产业基地，以引领中国海洋经济的发展。同时，要将舟山构建成我国东部地区重要的海上开放门户，促进浙江省的对外开放。这对未来定海在新兴产业特别是海工装备、船舶修造等产业进一步发展，并形成产业集群综合效应和核心竞争能力将是又一重大机遇。同时国家海洋经济发展"十二五"规划提出：浙江沿岸及海域功能定位是我国重要的大宗商品国际物流中心、海洋海岛开发开放改革示范区、现代海洋产业发展示范区、海陆协调发展示范区、海洋生态文明和清洁能源示范区。根据规划，未来国家将在舟山发展现代航运服务业，大洋勘查技术与深海科学研究，海洋生物技术，海水利用业，潮汐能、潮流能等海洋清洁能源等产业，为定海发展海洋新兴产业提供基础。

2. 海洋经济上升为国家战略，促进定海海洋新兴产业更快升级

国家实施新一轮沿海区域发展战略，《长江三角洲地区区域规划》全面实施，浙江被列入国家海洋经济发展试点省，舟山海洋综合开发试验区建设上升为国家发展战略，宁波—舟山港一体化加速推进，舟山将建成全省乃至全国重要的海洋开发、海洋保护、海洋经济发展战略高地和示范基地，这为定海区实施海洋综合开发试验先行、加快转变经济发展方式提供了重大契机。

3. 海洋新兴产业高端化、智能化趋势明显

为了大规模、全面地开发利用海洋资源和空间，许多国家特别是各沿海国家已经或正在制定海洋经济的发展战略。目前世界上有100多个沿海国家普遍抓紧开发利用海洋资源和空间，重视开发海洋高新技术，从事海洋环境探测、海洋资源调查开发、海洋油气开发等。从海洋产业发展趋势来看，高端化、智能化趋势越来越明显，这为定海新兴产业的

发展指明了方向。

四、定海海洋新兴产业发展的外部威胁

定海海洋新兴产业发展过程中,面临的挑战与威胁越来越严峻,外部竞争压力越来越大。

1. 国际经济竞争和风险日益加剧

国际金融危机的影响还在持续,船舶修造、港航物流、海洋化工等支柱产业受国际经济形势影响较大,普遍呈现行业不景气状态,传统工业转型升级压力加大,结构层次亟待提升,舟山工业发展所面临的外部环境可变因素加大。

2. 主导产业——造船业处于萧条期

2008年以前造船市场兴旺持续时间长、成交量大、价格升幅高,使得造船业的产能严重过剩。金融危机爆发以来,国际航运市场急剧下滑,造船市场受到很大冲击,普遍来讲新船订单大幅下滑。这给定海造船业带来巨大的冲击,未来造船业应该如何发展,发展哪些产业,怎么发展成为难点。

3. 区域经济竞争更加激烈

国家批准实施一系列区域发展规划,沿海一带地区之间资源、市场、技术和人才的竞争将不断加剧。同时,定海新兴产业在发展阶段、增长状况和重大举措等各方面与宁波、杭州、上海等地均存在一定差距,特别是在招商引资、人才引进等方面不存在明显优势。

基于对定海海洋新兴产业自身优势与劣势,以及定海海洋新兴产业外部环境的机遇与挑战进行分析,并在充分结合定海目前正在发展、将要发展及拟发展产业的基础上,我们做出了定海海洋新兴产业的战略选择,见表4.4。

表 4.4　定海海洋新兴产业战略选择

外部因素	内部因素	
	优势(S)	劣势(W)
	● 区位条件优越 ● 举世罕见的深水岸线 ● 海洋资源丰富 ● 产学研平台初具雏形 ● 科技创新平台有序推进 ● 产业集聚平台基本形成 ● 海洋产业结构向高附加值 ● 高技术方向发展趋势明显	● 海洋新兴产业起步较晚 ● 海洋新兴产业技术储备不足 ● 土地、岸线等资源要素供给紧张 ● 人力资源约束越来越明显
机会(O) ● 舟山是国家海洋新兴产业的重点发展区域 ● 海洋新兴产业高端化、智能化趋势明显 ● 海洋经济上升为国家战略 ● 舟山群岛新区建设的推进	SO 战略:利用优势,抓住机会 1.深化港口码头建设,发展港口物流业及相关产业 2.发展高附加值产业,如海洋工程、生物医药等产业	WO 战略:利用机会,克服劣势 1.利用国家、省市两级政策,加强软环境建设,积极引进高端人才
威胁(T) ● 国际经济竞争和风险日益加剧 ● 造船业处于萧条期 ● 区域经济竞争更加激烈	ST 战略:利用优势,减少威胁发展高端船舶制造业	WT 战略:将劣势、威胁最小化 逐渐弱化传统船舶制造业比例

　　根据 SWOT 分析法,我们认为定海的现有产业应尽快进行产业升级,具体如图 4.2 所示。

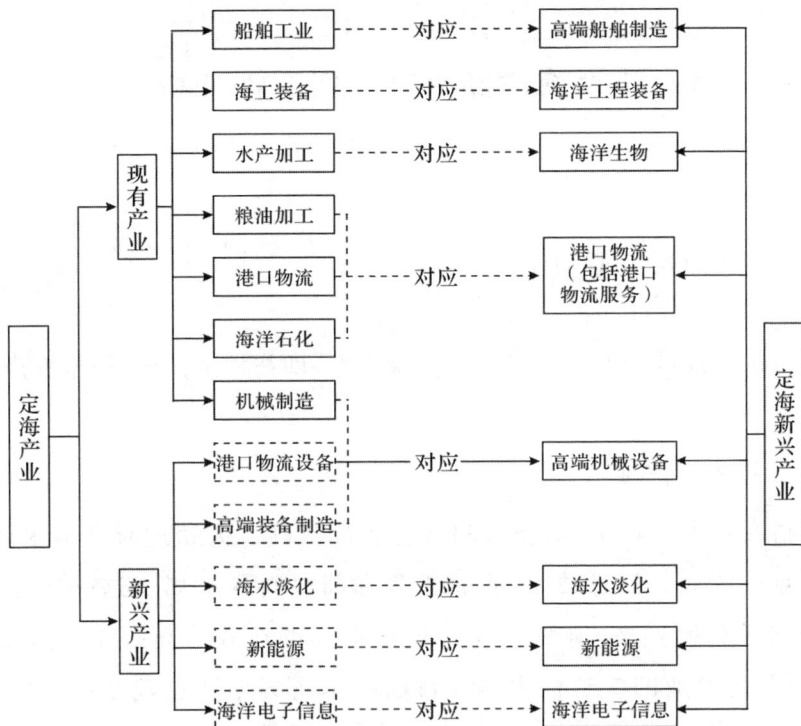

图 4.2　定海海洋新兴产业初次筛选

说明：

(1)现有产业转型方向：

船舶工业、海工装备(现有)未来的发展方向——海洋工程装备和高端船舶制造(新兴)

水产品加工(现有)未来的发展方向——海洋生物(新兴)

机械制造－塑机螺杆(现有)未来的发展方向——港口物流机械、机械手(新兴)

粮油加工(现有)未来的发展方向——港口物流(新兴)

海洋石化(现有)未来的发展方向——港口物流服务(新兴)

(2)新领域开拓方向：

港口物流服务业;海水淡化;新能源;海洋电子信息

第三节 定海海洋新兴产业匹配性分析

一、产业类型概述

我国目前的产业大致可分为三种类型,即技术型产业、资本型产业、资源型产业。

1. 技术型产业

指在生产过程中,对技术和智力要素依赖大大超过对其他生产要素依赖的产业。信息技术、生物工程和新材料等就属于这一产业群。它研究开发投入高,研究开发人员比重大的产业。高技术产业发展快,对其他产业的渗透能力强。目前技术密集型产业包括:微电子与信息产品制造业、航空航天工业、原子能工业、现代制药工业、新材料工业等。主导因子为技术条件和人力资源。

2. 资本型产业

指在单位产品成本中,资本成本与劳动成本相比所占比重较大,每个劳动者所占用的固定资本和流动资本金额较高的产业。当前,资本密集型产业主要指钢铁业、一般电子与通信设备制造业、运输设备制造业、石油化工、重型机械工业、电力工业等。资本密集型工业主要分布于基础工业和重加工业,一般被看作发展国民经济、实现工业化的重要基础。主导因子为资本投资和投资政策。

3. 资源型产业

资源经济活动的载体,是从事资源的生产、再生产等经济活动的产业。现代资源产业是以资源开发为目的,集生产、经营、服务三重性质于一体并以经营为主导的产业。主导因子为自然资源。

二、产业分析方法

在公共管理的研究中,往往需要对反映事物的多个变量进行大量的观测,收集大量数据以便分析寻找规律。多变量大样本无疑会为公共管理研究提供丰富的信息,但也在一定程度上增加了数据采集的工作量和难度,更重要的是在大多数情况下,许多变量之间可能存在相关性而增加了问题分析的复杂性,同时给分析带来不便。如果分别分析每个指标,分析有可能是孤立的,而不是综合的。盲目减少指标会损失很多信息,容易产生错误的结论。因此需要找到一个合理的方法,减少分析指标的同时,尽量减少原指标包含信息的损失,对所收集的资料做全面的分析。由于各变量间存在一定的关系,因此有可能用较少的综合指标探寻存在于各变量中的各类信息。

本研究采用主因子分析法,选择对产业影响最大、综合性最强的因子作为主导指标。表 4.5 为各产业发展的主导因子。

表 4.5　产业发展主导因子选择

序号	产业	主导因子	产业类别
1	海洋工程装备	自然资源＋技术条件（人力资本）	资源型＋技术型
2	高端船舶制造	自然资源＋技术条件（人力资本）	资源型＋技术型
3	海洋生物	自然资源＋技术条件	资源型＋技术型
4	海水淡化	技术条件	技术型
5	海洋电子信息	技术条件	技术型
6	海洋新能源	自然资源＋技术条件	资源型＋技术型
7	港口物流及高端装备制造	自然资源＋技术条件	资源型＋资本型

三、各产业与主导因子的匹配性

1. 海洋工程装备业

定海发展海洋工程装备具有天然的优势,随着近年来的发展和产业的转移,定海在海洋工程装备方面取得长足的进步,太平洋海工是浙江省第一家有实力建造和改装海洋钻井平台的公司,产业已经初具规模,并具有良好的发展前景,表 4.6 为依据主导因子对海洋工程装备产业进行的匹配性分析。

表 4.6 海洋工程装备产业匹配性分析

匹配要素	产业要求	定海资源状况	改善潜力	匹配程度
地理位置	交通便利,靠近石油产区	交通环境便利,处于海上航道枢纽位置,附近海域石油资源丰富	—	●
环境要求	深水岸线资源	岛屿众多,拥有丰富的海岸资源和深水航线	—	●
人力资源条件	高端技术人才和相应的制造人才	高端人才缺乏,劳动力价格攀升	引进高端技术人才,改善劳动力用工市场	◗
产业需求(技术条件)	海工装备产业处于起步阶段,国家海洋能源战略的实施提供巨大的机遇	太平洋海工等相关项目的落地,为舟山发展海工产业打下了基础	随着大量传统船舶制造企业转型,海工装备产业发展迅速	○
政策环境	上下游产业之间互相的协调,明确发展方向和重点	建有"船舶与海工装备"产业基地,并将产业作为重点发展方向,支持和鼓励大企业发展	舟山群岛新区的建设和海洋经济的发展将带来更大的发展前景	●

注:● 高 ◗ 中 ○ 低(下同)

2.高端船舶制造业

定海发展船舶产业地理位置优势明显,岸线资源丰富,钢铁等自然资源供应充足,但相应的人才和技术欠缺,缺乏技术创新,高技术、高附加值产品不多,可通过提升技术和引进人才,进一步提升船舶产业的发展潜力,表4.7为依据主导因子对高端船舶产业进行的匹配性分析。

表 4.7　高端船舶产业匹配性分析

匹配要素	产业要求	定海资源状况	改善潜力	匹配程度
地理位置	交通便利,与各主要港口距离适当	交通环境便利,处于海上航道枢纽位置	—	●
环境要求	环境适宜,降雨不能太多,拥有深水海岸线,适宜在室外制造船舶	岛屿众多,气候适宜,降雨稳定,拥有丰富的海岸资源和深水航线	—	●
人力资源条件	船舶设计高端人才,船舶制造技术人才	传统船舶行业积累了大量人才	未来新区的发展有利于引进高端技术人才	●
自然资源条件	钢铁资源易得,岸线资源长	交通便利,钢铁运输成本较低,拥有丰富的岸线资源	—	●
产业配套	机械、材料、海洋电子信息产业等	前期传统船舶制造为发展高端船舶制造打下了基础,相关产业配套发展处于起步阶段	船舶相关的产业产品附加值高	◑
政策环境	鼓励船舶产业向高技术、高附加值方向发展	属于重点发展产业,建立舟山市船舶工业设计基地、"船舶与海工装备"产业基地等	舟山群岛新区的建设,将带来更大的发展前景	●

3.海水淡化业

定海区内岛屿众多,海水资源丰富易得,而岛内淡水资源稀缺,发展海水淡化产业有很大的市场需求,技术和人才上的不足是制约海水淡化产业发展的主要问题,随着舟山群岛新区的建设推进,大批优秀人才的涌入,海水淡化产业也将得到进一步的发展,表 4.8 为依据主导因子对海水淡化产业进行的匹配性分析。

表 4.8   海水淡化产业匹配性分析

匹配要素	产业要求	定海资源状况	改善潜力	匹配程度
自然资源条件	海水资源丰富、易得	海水资源丰富、易得	—	●
技术条件	具备海水淡化所需关键设备和膜材料组件,掌握海水淡化关键技术	关键技术缺乏,设备和材料依赖引进	群岛新区建设将吸引所需技术人才	○
人力资源条件	高端技术人才	高端人才缺乏,普通劳动力价格攀升	群岛新区建设将吸引所需技术人才	◑
产业需求	淡水资源需求大	舟山淡水资源稀缺,生活、工业淡水需求量大		●
政策环境	重视海水淡化新技术和新设备的研发和应用	将摘箬山岛定位为"海水淡化示范岛",支持海水淡化产业的发展	舟山群岛新区的建设和海洋经济的发展将带来更大的发展前景	◑

4. 海洋新能源业

由于受人才、产业配套能力、岛屿环境的制约,定海发展海洋新能源产业发展缓慢;但依托丰富的海洋性资源,定海可以优先发展资源型的海洋新兴产业,譬如潮汐能、温差能、岛屿风能,表 4.9 为依据主导因子对海洋新能源产业进行的匹配性分析。

表 4.9   海洋新能源产业匹配性分析

匹配要素	产业要求	定海资源状况	改善潜力	匹配程度
地理位置	对地理位置有特殊要求	较多岛屿仍需进一步开发	未来对岛屿的管理需要加强	◑

匹配要素	产业要求	定海资源状况	改善潜力	匹配程度
人力资源条件	能源、精密机械、电子、生物等	暂无高端人才集聚	—	○
产业需求	新能源产业规模较小，石化能源需求大	新能源的开发有利于解决能源问题	新区的进一步开发对能源的需求更为紧迫	●
自然资源条件	丰富的海洋环境，如风能、潮汐能、波浪能、温差能等	海域面积广、具备发展产业的各种条件	海洋开发能力将进一步提升	●
产业配套	高端装备制造、电机、控制系统等	暂无相关产业配套	—	○

5. 港口物流及高端装备制造业

定海具备发展港口物流业、港口物流服务业、港口物流设备业的资源、政策环境，可在原有产业基础上进一步做大做强，表 4.10 为依据主导因子对港口物流及高端装备制造产业进行的匹配性分析。

表 4.10　港口物流及高端装备制造产业匹配性分析

匹配要素	产业要求	定海资源状况	改善潜力	匹配程度
地理位置	靠近水运交通主干道，临近港口货物枢纽	南北海运和远东国际航线之要冲，背靠长三角广阔经济腹地，与东北亚及西太平洋一线主力港口釜山、长崎、高雄、香港等构成了近 500 海里等距的扇形海运网络	—	●
自然资源条件	港口岸线资源丰富、港口泊位吨级大、集疏运体系完善	岸线资源丰富，港口泊位达到 30 万吨，宁波—舟山港吞吐量是世界第一大港	岸线资源需节约式开发、未来吞吐量进一步上升	●

续表

匹配要素	产业要求	定海资源状况	改善潜力	匹配程度
交通条件	位于城市中心区的边缘地区,内外交通枢纽中心地带,一般在城市道路网的外环线附近;临近城市物流节点,有较大的物流量产生	上海、杭州、宁波三小时经济圈,长三角海上开放门户	跨海大桥、高铁等开通,交通条件进一步提升	●
人力资源条件	物流、贸易、金融、法律、保险、信息等	定海原有的临港经济也集聚了部分物流人才	宁波吸引并培养了大批港口物流业的人才,为舟山提供了一定基础	●
政策及经营环境	大型港口物流、自由贸易岛建设需要国家政策的扶持	国务院批准的浙江舟山群岛新区和浙江海洋经济示范区	未来自由贸易岛的建设	●

6. 海洋生物业

定海拥有丰富的海洋资源条件,具有发展海洋生物产业的基本条件,但是受制于人才、产业配套能力,产业未来发展仍需要进一步拓展,表 4.11 为依据主导因子对海洋生物产业进行的匹配性分析。

表 4.11   海洋生物产业匹配性分析

匹配要素	产业要求	定海资源状况	改善潜力	匹配程度
地理环境	大渔港、环境优美、高校、科研机构相对集中	舟山是国内著名渔港、浙江旅游胜地,环境优美,浙江海洋大学坐落在舟山,浙江大学、中科院等高等院校相继进入	新区开发有利于环境建设和产学研的推进	●
资源条件	适应的海洋环境、丰富的海洋物种	海洋物种资源丰富,海洋多样性较高	—	●

续表

匹配要素	产业要求	定海资源状况	改善潜力	匹配程度
技术条件	远洋捕捞船队、海洋牧场、渔港建设完善（海洋渔业）；高端生物制药技术、重点实验室等	海洋捕捞是传统产业，积极发展海洋牧场、舟山渔港建设完善。但缺乏海洋生物医药相关技术条件	随着新区建设的进一步推进，有很大的发展潜力	◑
人力资源条件	水产品深加工人才，高端生物医药研发人才	暂无	随着新区建设的进一步推进，人才集聚条件逐步提升	○
产业配套能力	一级渔港、中心渔港、水产品物流中心、水产品贸易平台、高端化工等	全国最大的渔港，渔港经济逐渐形成，缺乏生物医药相关人才	随着新区建设的进一步推进，有很大的发展潜力	◑
政策及经营环境	渔港建设的持续推进、海洋捕捞作业结构的调整；生物医药产业由于投入产出慢，早期需要租金、税收等政策支持；要有完善的知识产权保护制度及严格的执法力度	中国舟山水产城、渔港经济区发达，定海对生物医药产业提供了政策扶持	未来新区知识产权保护机制、资金平台等将进一步完善	◑

7.海洋电子信息业

　　舟山环境优美、产业发展空间较大，但是受制于交通条件、地理位置等因素，人才吸引能力相对较弱，如果能解决这几方面的影响，海洋电子信息产业发展空间很大，表4.12为依据主导因子对海洋电子信息产业进行的匹配性分析。

表 4.12　海洋电子信息产业匹配性分析

匹配要素	产业要求	定海资源状况	改善潜力	匹配程度
地理位置	直接面向消费者的网络信息服务需选址于居民区或商务区;互联网、信息技术等产业需要有较大空间存放设备,一般不选址城市中心区域;行业相对集聚	城市中心	可针对港口物流业、船舶制造业等产业进行选择性发展	◐
产业配套	需要光纤、电信网络等基础配套;网络信息服务多为24小时运作,对供电要求较高	已铺设了光纤主干网等,基础设施条件较好	未来将进一步完善区内网络设施	●
环境要求	设备运营需要洁净的环境,远离污染源	依山傍水、空气洁净	随着新区建设的推进环境将进一步改进	●
人力资源条件	互联网、软件、电信的专业人才	定海已经积聚了部分人才	未来新区的发展对于人才集聚有一定的促进作用	◐
技术条件	大型服务器等终端设备、重点实验室等	暂无	随着新区建设有改善的空间	○
政策环境	前期需要大量投入,见效比较慢,需要政府支持	电子信息产业是舟山重点关注的产业,建有海洋电子信息产业基地	政府对电子信息产业的支持越来越大	◐

第四节　定海海洋新兴产业选择结果

对产业进行组合分析,并结合"浙江舟山群岛新区发展规划""浙江海洋经济发展示范区规划",舟山未来定位"自由贸易岛""海洋经济发展先导区""海洋综合开发实验区"等,我们将定海海洋新兴产业分为三类。

第一类为海洋工程装备与高端船舶制造、港口物流及高端装备制造业,这在定海已经有较好的基础,在行业内具有较强竞争优势,能够给定海提供持续资金支持的产业。

第二类为海洋电子信息、海洋生物产业,它们是定海有未来发展潜力、行业前景也较好的产业。

第三类为海水淡化①产业,是市场吸引力、行业前景和行业竞争力相对较低的产业。

根据产业匹配性分析和竞争优势分析,第一类的两个产业筛选结果一致(海洋工程装备与高端船舶制造、港口物流及高端装备制造);第二类有两个产业筛选结果一致(海洋电子信息、海洋生物)。其余产业,没有进入筛选序列。

最终,根据筛选结果,将定海海洋新兴产业分为三个层面:一类产业具备发展条件,二类产业可发展某一产业环节,三类产业观测发展,见表 4.13。

表 4.13　定海海洋新兴产业选择

产业分类	产业名称	产业选择
一类产业:匹配度高、竞争优势明显适合发展	海洋工程装备与高端船舶制造	海洋工程装备: 发展方向:海洋钻井平台等 发展条件:产业基础、人才集聚、政策支持
		高端船舶制造: 发展方向:高附加值,高技术船型(如特种船、海工装备船等) 发展条件:深水海岸线,高端船舶设计人才,良好的基础配套
	港口物流及高端装备制造	发展方向:港口物流服务业、港口物流设备、高端装备制造业等 发展条件:高新产业基础、政策环境、资本平台、人才集聚

①　海水淡化产业主要是考虑到未来布局主要在舟山本岛北部、六横、嵊泗等地,且行业吸引力相对较弱,所以在定海海洋新兴产业方面作为观测类产业发展。

续表

产业分类	产业名称	产业选择
二类产业：匹配度一般、竞争优势较好可方向性发展	海洋电子信息	发展方向：高端船舶配套相关的电子信息产业 发展条件：软件产业基地基础、良好的基础配套、洁净的环境、人才集聚、高新产业基础
	海洋生物	发展方向：远洋捕捞、水产品深加工、海洋生物保健品、海洋功能性食品等 发展条件：高新产业基础、政策环境、资本平台、人才聚集
三类产业：匹配度差或竞争优势相对较弱观测	海洋新能源	可以适当观测，为未来做准备
	海水淡化	

第五章
舟山定海海洋新兴产业发展策略

第一节　发展思路与定位

一、发展思路

以马克思列宁主义、毛泽东思想、邓小平理论、"三个代表"重要思想、科学发展观、习近平新时代中国特色社会主义思想为指导，按照浙江舟山群岛新区、浙江海洋经济示范区建设要求，围绕海洋新兴产业高附加值、高技术含量、科学可持续的发展主线，加快主导产业提升和发展，推动培育产业孵化和建设，实现分层次、跨越式发展，将定海打造成为全国海洋新兴产业示范区、全省海洋新兴产业的核心区。

立足浙江大力推进海洋经济发展的历史机遇，依托定海的海洋资源禀赋、海洋区位优势、海洋产业基础，围绕打造浙江舟山群岛新区核心发展区的目标，构建新兴产业体系，抢占制高点，以海洋工程装备与高端船舶制造、港口物流及高端装备制造等领域作为主导产业，以海洋电子信息产业、海洋生物作为培育产业，创建分层培育体系，积极推动舟山海洋经济的跨越式发展。

1. 第一层面：主导产业

海洋工程装备与高端船舶制造：高端船舶制造（包括三大传统船型、特种船和拆船等）是定海的核心产业，也是技术实力最强、最具竞争力的产业，对定海近期业绩影响重大，同时也是定海产业的基础。国际环境、行业竞争、政策变动等因素给定海带来了困境与挑战，但定海应努力维持其竞争地位并发掘出核心业务中所有的潜能。海洋海工装备是定海海洋产业的发展方向，其具备一定的规模，同时行业增长率很高，是发展的重点。定海拥有丰富的海岸线资源，港口物流及高端装备制造业未来发展前景很好，但当前港航物流领域，定海仅仅作为一个物流和仓储转运基地，机械制造虽有一定竞争力，然而总体规模不大，且处于价值链中低端，未来可以发展空间很大，是值得重点培育的产业。

2. 第二层面：培育产业

海洋电子信息、海洋生物这类培育产业具有投资大、回报期长的特点，但是符合未来中国产业发展导向，是未来定海从传统向新兴产业转型的主要新增点，可以利用定海目前有效的投入和一定技术积累，采用产业孵化器的模式，有选择、有方向式地发展，进行有效筛选和培育，可以说，它是未来定海新兴产业的发展关键点。

二、发展定位

1. 主导产业

产业总体战略定位：快速、稳定发展，为定海产业发展起到带动作用。

（1）海洋工程装备与高端船舶制造

海工装备，以快速增长为目标，以量带产，采用聚焦低成本战略，通过迅速形成产业化占领市场高端，主要方向为发展海洋钻井平台等。高端船舶制造以转型升级为目标，由传统船型向特种船型、工程船、豪华游船等方向发展。

（2）港口物流及高端装备制造

以多元化、增值化发展为目标，充分利用集装箱运输、保税物流、保税加工等港口优势，国家级自由贸易区优势，发展港口物流、港口物流服务业、高端制造业。

2. 培育产业

产业总体定位：以积极发展为主要目标，以培育为核心，未来发展以研发中心基地、创新中心基地建设为导向，为定海未来产业发展创造新增长点。

（1）海洋电子信息

以专业化为进入方式，以聚焦差异化为定位。选择与海洋船舶、港口物流紧密度相对较高的某一个专业领域切入海洋电子信息产业。主要方向为发展电子商务、海洋船舶仪器仪表等。

（2）海洋生物

以差异化为进入方式，以聚焦差异化为定位。以西码头水产品精深加工基地为基础，选择与定海自然资源环境相吻合，具有发展潜力、独具特色的产业作为切入点。主要方向为发展水产品深加工、海洋微生物等。

第二节　发展布局与目标

一、发展布局

通过对以上产业进行分析，筛选得出以海洋工程装备与高端船舶制造、港口物流及高端装备制造为主的主导产业，以海洋电子信息、海洋生物为主的培育产业，其相应的空间布局如下：

(1)海洋工程装备与高端船舶制造产业

以定海工业园区为核心集聚地,面积 21.13 平方千米,平均水深 10 米以上,最大通航能力 30 万吨级,具有建设深水泊位和发展临港产业的天然优势。

(2)港口物流及高端装备制造产业

形成以金塘北部滨海产业园区为核心的港口物流产业集聚区。目前,该产业园区总开发面积 7000 亩,岸线总长 5 千米,其中深水岸线 2.5 千米,前沿平均水深 20 米以上,可建设大型码头若干座,具有发展临港制造业的上好条件。

(3)海洋电子信息产业

目前考虑到海洋电子信息产业具有高集成性且空间占地面积小,同时考虑到该产业对交通、经济等因素敏感性较强,所以该产业应规划在定海区中心区域,通过在区域内选择合适的地段,建造海洋电子信息产业总部大楼来全面落实该产业。

(4)海洋生物产业

以西码头现代远洋渔业基地为核心的现代海洋渔业—生物医药产业集聚区。目前该区域涉及总面积 7000 亩。

二、发展目标

针对定海的具体情况,根据实施的周期长短,将目标分为近中期目标(蜕变突破期)和远期目标(跨越腾飞期)。

1. 近中期目标(蜕变突破期)

该阶段重点发展定海海洋工程装备与高端船舶制造业,促进港口物流业态形式的转变,积极培育海洋电子信息产业、海洋生物产业,通过产业组合方式、市场体系、技术创新体系、资本运作模式实现定海产业的蜕变升级。

2. 远期目标（跨越腾飞期）

该阶段通过培育模式、工艺技术、资本运作的提升，实现新兴产业的组合式跨越发展，形成海洋工程装备与高端船舶制造、港口物流规模化生产模式，海洋电子信息产业、海洋生物产业创新型发展的现代综合体系，实现定海经济的腾飞。

第三节　舟山定海发展海洋新兴产业的实施保障

一、强化项目支撑

主导产业应该坚持项目带动，把产业发展目标落实到具体项目上，把项目细化到各个区块的发展重点上，增强项目带动和支撑作用。加强项目策划，建立和完善长效的项目策划机制，从岸线资源开发、港口设施建设、临港产业发展、城镇体系形成、经济腹地拓展、生态环境保护等方面，持续策划一批能符合市场投资导向、推进海洋经济持续发展的重点项目。加大力度推进列入规划的重大项目前期工作，强化项目服务。加大重点项目推进力度，每年筛选一批海洋新兴产业重点项目，纳入国家、省、市重点项目盘子，给予必要扶持，推进项目进度，加快项目建成投产，尽快转化为现实生产力和支撑力。

二、孵化新兴产业

培育性产业应该以建设科技企业孵化器为主导。坚持政府引导和企业为主的思路，推进科技企业孵化器建设。以政府投入为主，建设定海科技创业服务中心，争取 5 年内成为省级科技企业孵化器，重点培育海洋电子信息产业、海洋生物产业方面的企业入驻。同时，出台扶持科技企业孵化器发展的政策，引导企业投资建设民营科技企业孵化器。同时,培育产业需要加大政策和资金扶持力度,通过研发核心关键技术,以及引进和培育相结合等方式,加快新兴产业项目引进和成果转化。促进新兴产业与传统优势产业对接,推进产业结构优化升级。

三、体制机制创新

坚持综合开发与生态保护并举,进一步破除深层次的体制性和结构性矛盾,为海洋新兴产业开发提供有力的体制机制保障。探索建立促进产业合理布局的梯度推进机制,建立陆海产业互为依托机制,实现陆海产业联动发展,构建现代海洋新兴产业体系。探索建立促进陆地、滩涂、岸线和海域资源的节约集约利用机制,优化岸线资源配置。推进金融服务创新,大力发展船舶融资、物流金融、国际汇兑与结算等金融服务,提高金融服务对海洋新兴产业开发的支持能力。整合海洋综合开发、涉海执法部门资源,完善海洋新兴产业管理体制。放宽民资、外资准入门槛,建立完善民资、外资、国资联合参与海洋新兴产业的体制机制。完善海岛基础设施配套,探索建立促进重大基础设施、公共服务项目的衔接和共享机制。

四、突出保障要素

按照舟山群岛新区,省、市海洋经济示范区建设的要求,在充分利用省市各级大力发展海洋新兴产业、建设产业集聚区的政策资源基础上,以海洋新兴产业发展为重点,着重加强要素保障。一是资金保障。设立海洋新兴产业发展专项引导资金,扶持沿海基础设施建设,引导重点产业发展。创新政府融资平台、公司制投融资平台建设,实现融资最大化,不断满足项目建设资金需求。推进申请发行企业债券。积极争取国内外长期、低息贷款。二是土地保障。优先安排海洋新兴产业重点项目土地指标。三是环境保障。优先支持和重点保证海洋新兴产业开发重点项目所需的环境容量;积极推广农业、农村与工业排污权交易改革,使海洋新兴企业有偿使用农村的污染物指标,缓解环境指标紧张。四是人才保障。面向全国、面向海外,延揽国际优秀人才,重点引进善于组织研发和进行成果转化的科技企业,站在国际国内科技发展前沿的学科或技术带头人,拥有科研成果、研发能力较强的海归;通过与大院名校的科技合作,以及科技创新领军人才的引进,大力培养技术攻关团队、拥有博士学位的高层次人才、优秀专业技术人才和创新创业人才,努力建设国家级和省级科技创新团队,形成以领军人物为核心、人才团队结构合理、各类创新人才汇集涌聚的海洋科技创新人才高地;积极实施群岛千人计划、海洋新兴产业人才储备工程、海洋创新团队培育工程、海洋高层次专业技术人才培养工程、海洋高技能人才培育工程等重大人才培育工程。

五、创新海洋科技

围绕海洋科学城建设,重点加强浙江省海洋开发研究院、摘箬岛海洋科技示范岛、科技创意示范园区、中国海洋科技创新引智园区、高教科研园区和舟山海洋高新技术产业园区建设;继续拓展与大院名校的合作机制,积极开展境内外科技招商活动,重点引进和建设国家级科研机构、国家级研发平台、国际科技合作机构、国家级孵化器、国家级重点实验室、国家级工程中心、博士后流动中心等,努力形成以科技政策为引导,以创新平台为核心,以企业为主体,以人才教育为支持的产学研紧密结合的海洋科教支撑体系。加快培育一批海洋工程装备与高端船舶制造、港口物流及高端装备制造、海洋电子信息、海洋生物医药等领域的创新型企业,鼓励企业设立科技研发中心。实施一批海洋新兴产业方面重大科技专项,鼓励开展海洋新兴产业的技术创新工程试点和重大关键技术项目科研攻关。建立健全沿海海洋科技推广体系,加快海洋信息系统和网络建设。

第六章
舟山定海海洋新兴产业细分研究

第一节　海洋工程装备与高端船舶制造产业

一、海洋工程装备产业

（一）产业重点概括

1. 发展思路

重点突破深海装备的关键技术，大力研发以海洋油气开发装备为代表的海洋矿产资源开发装备，通过引进海工装备大企业，逐步推动定海现有产业的转型升级，并不断提升产业规模和技术水平，完善产业链。

2. 发展方向

（1）做专做精海工相关平台模块

设计是海工模块的核心技术。定海应做专做精海工模块，逐步由结构类模块向生产工艺加工类模块发展，最终创新海工模块的设计。重点发展海工模块、钻井模块、生活楼模块、生产工艺类模块。

（2）做优做长海工配套装置

我国海工配套业发展总体上尚处于起步阶段，绝大多数海工配套产品依靠国外进口，而定海船舶配套企业有一定基础，在国内有明显的比较优势。海工配套产品与船舶配套产品相通性强，相似性大，海工配套同样面广量大，产业链长。因此，定海应重点发展海工配套产业，如图 6.1 所示。

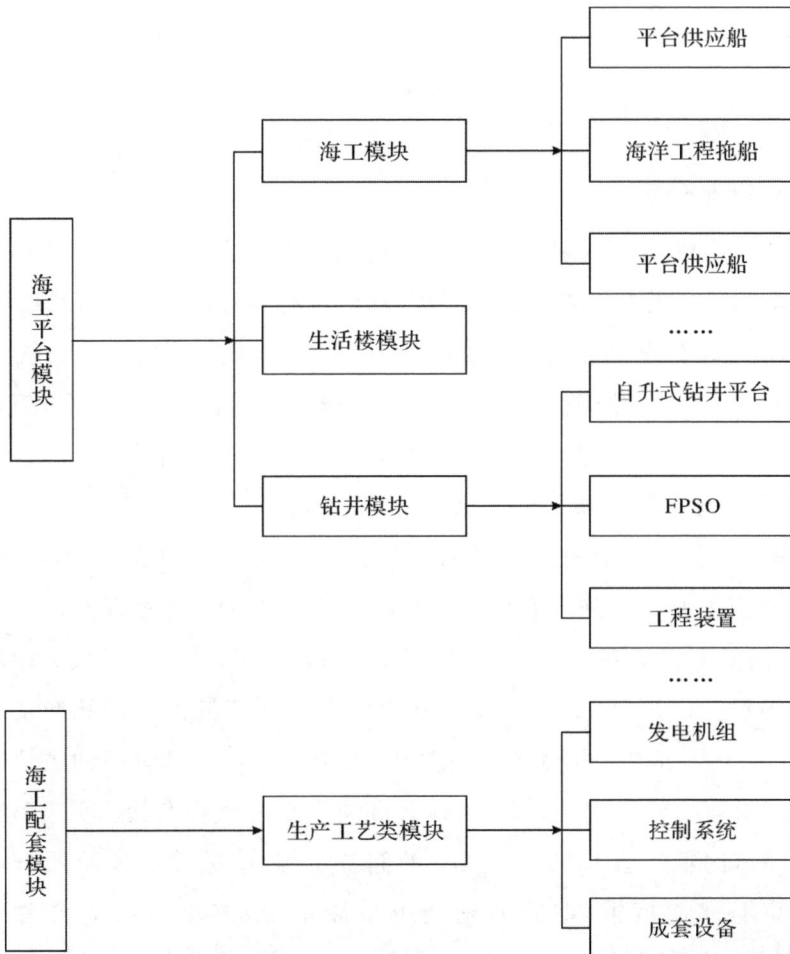

图 6.1　海工装备发展思路

据统计,2012 年全球海工装备订单总额为 428 亿美元,见表 6.1,首次超过传统船型的订单总额,甚至超越了金融危机前 2005—2008 年的平均历史最高水平,呈现出较为景气的态势。截至 2014 年底,全球海工装备订单金额共 1770 亿美元。

表 6.1 海洋工程装备产业供求关系

供求关系	数据
需求量	428 亿美元,预计超过供给增长率
供给增长率	年均增长 20% 以上

（二）产业分析

1. 行业分析

第一,油气仍是未来主要能源消耗品。世界一次性能源消费仍主要由煤炭、石油、天然气等构成。根据《BP 世界能源统计 2017》,2015 年全球石油消费在全球能源消费中占比为 32%,同比增长 1.4%,约为 93 亿吨,是全球能源消费的主要构成部分。预计未来 20 年间,随着全球经济增长,石油消费仍有约 0.7% 的年增长率。根据英国 Barclay 银行预测,全球油气资源投资支出将持续走高。

第二,油气开发向海洋转移。从石油开采来源构成来看,20 世纪 70 年代以前基本为陆上石油,直到 70 年代中后期,近海石油得以逐渐开采,而深海石油则在 2000 年左右开始逐渐开采,并保持了较大幅度的上升势头。1990 年、2000 年、2010 年海上石油产量占全球总产量分别为 25%、31%、33%,呈逐渐上升势头;其中深海石油产量石油占比从极其微小升至 2%、9%。2020 年海上石油产量占比将会提升到 34%,其中深海占比攀升至 13%。而从石油储备结构看,据美国地质调查局的油气资源评估报告,在原油剩余可采储量中,海洋石油资源占比达 37.85%,是重要的石油来源,具备较为广阔的开采潜力,进而有望带动海洋工程装备市场。

海洋油气资源的开发为海工装备制造业发展带来机遇。据

Douglas-Westwood 统计,2008 年全球海工装备资本性投资为 1570 亿美元,2009 年约 1520 亿美元,占海洋油气勘探开发总投资的 60% 左右。2008 年,全球共有各类海洋钻井装备 650 多座,其中自升式钻井平台超过 430 座,占总规模的 2/3;半潜式钻井平台 180 多座,钻井船近 50 艘,合计占总规模的 1/3。截至 2010 年 7 月,全球超深水钻井平台、钻井船订单情况见表 6.2。

表 6.2　全球海工装备订单情况

类别	2010 年在建/座	订单总额/百万美元
钻井船	37	24265
半潜平台	41	14998
自升式平台	59	6901
总计	137	46164

截至 2016 年年底,全球处于闲置状态的钻井平台达到 223 艘/座,封存数量为 117 艘/座,二者合计较 2015 年年底增加约 80 艘/座;拆解方面,2016 年全年,全球共拆解钻井平台约 40 艘/座。

核心技术仍在国外,国产化率较低。现阶段核心部件、整体设计等行业链条附加值最高部分仍由少数欧美企业垄断,韩国、新加坡仍在总装业务领域仍占主导地位。国产化率水平低下导致中国厂家在从事海工装备建造工作时,无法从系统设计及核心装备制造等产业链上附加值最高的环节收益,整体营利性大大下降,投资回报期加长,所承受的风险也不可避免地提高,并导致中国船厂无法取得与行业地位相符的话语权。

2. 市场分析

第一,海工装备产业政策优势持续利好。在海工装备政策政策方面,由于海工装备制造行业以技术突破为基础,知识技术密集,并具有战略性国防意义,国家对其十分重视。我国相继出台了《十大产业振兴规划——船舶工业调整和振兴规划》(2009)、《国务院关于加快培育和发展战略性新兴产业的决定》(2010)、《海洋工程装备产业创新发展战略(2011—2020)》

(2011)、《海洋工程装备制造业中长期发展规划》(2012)、《全国海洋经济发展"十二五"规划》(2013)等多项鼓励海洋工程行业发展的政策(具体见表6.3),为培育海工装备制造业提供了良好的政策环境。

表6.3　我国发展海工装备相关政策

年份	相关政策	政策主要内容
2009年	《十大产业振兴规划——船舶工业调整和振兴规划》	加快自主创新,发展海洋工程装备。加大技术改造力度,加强关键技术和新产品研究开发,提高船用配套设备水平,发展海洋工程装备,提高国际竞争力
2010年	《国务院关于加快培育和发展战略性新兴产业的决定》	面向海洋资源开发,大力发展海洋工程装备。强化基础配套能力,积极发展以数字化、柔性化及系统集成技术为核心的智能制造装备
2011年	《海洋工程装备产业创新发展战略(2011—2020)》	重点发展主力海洋工程装备、新型海洋工程装备、前瞻性海洋工程装备、关键配套设备和系统、关键共性技术
2012年	《"十二五"国家战略性新兴产业发展规划》	明确将海洋工程装备产业列入七大战略性新兴产业之一
2012年	《海洋工程装备制造业中长期发展规划》	经过十年的努力,中国海洋工程装备制造业的产业规模增大、创新能力和综合竞争力大幅提升,形成较为完备的产业体系,产业集群形成规模,国际竞争力显著提高
2013年	《全国海洋经济发展"十二五"规划》	重点研发新型、深水装备及关键配套设备和系统,突破设计制造核心技术,重点发展半潜式钻井平台、自升式钻井平台、半潜式生产平台、浮式生产储卸装置、钻井船、物探船、起重铺管船等装备,全面提升海洋平台电站、动力定位系统、钻井系统、水处理系统、油气处理系统及水下采油、施工、检测、维修系统等设备配套能力

第二,油价长期走高预期推动海工装备需求。原油价格是推动海洋油气勘探开发投资的主要因素。剑桥能源咨询公司计算结果表明,国际油价在每桶55~85美元之间,深水油气项目便有经济效益。而根据Douglas-Westwood统计,原油价格在每桶35~65美元之间,深水油气项目便有经济效益。由于海洋油气勘探开发的成本较陆地开发高出许多,因而油价会最终决定海洋油气勘探开发的收益。由于主要海工装备

的建设周期都在 2～3 年,所以海工装备投资更为敏感的应该是2～3 年
后的预期油价,因此油价走势预期是影响海工装备投资的重要因素。根
据 Douglas-Westwood 预计,原油价格在 2035 年会达到 133 美元左右,海
洋油气勘探开发投资会在未来几年中保持一定的增长,达到 3000 亿美元
以上。

第三,投资加大助推海工装备供给市场。根据 ODS 等机构预测,
未来 5 年,海工装备市场需求平均为 800 亿美元,其中钻井和开采设
备预计为 500 亿美元,2020 年海工装备的市场需求有望达到 1250 亿
美元左右;在"十二五"期间,我国海工装备年均投资额在 500 亿元至
650 亿元人民币之间,较"十一五"期间大幅提高。在"十三五"期间,
我国进一步推动海工装备创新,对海工装备制造业的发展起到了极大
的带动作用。

3.行业趋势

尽管中国海工装备制造商面临市场认知度、国产化率、行业标准化
等方面的问题,但考虑到未来海工装备市场前景较为广阔,中国企业已
经具备一定工程经验积累,加之中国对海工装备制造业政策支持力度
高,整体来看中国海工装备制造企业成长势头较好,正处于高速发展期。
具体表现为:第一,2012 年全球海工装备订单总额为 428 亿美元,首次
超过传统船型的订单总额,甚至超越了金融危机前 2005—2008 年的平
均历史最高水平,呈现出较为景气的发展态势;第二,未来石油仍是重要
的能源消费构成部分,并有望维持小幅增长;但由于陆地油气资源有限
性愈发突显,海上石油产量占比有望提高,海洋开发将更加受到重视,并
有望带动海工装备需求快速增长;第三,由于过去对海洋资源开发的力
度相对较小,现有海工装备数量不多,使用年龄较长,未来几年海工新
设备的制造需求及现有设备的更新需求均存在较大增长空间。因此,
从行业整体来判断,海工装备产业处于产业生命周期的高速发展期,
见表 6.4。

表 6.4　海工装备行业评测

行业评价指标	行业现状
生命周期	高速发展期
供需状况、总量预期	需求好
国家政策支持程度	大
产品替代可能性	小
行业进入及退出壁垒	高
厂商议价能力及成本控制能力	较高

(三)产业发展路径研究

1. 指导思想

深入贯彻落实科学发展观,把握世界海洋资源开发利用与保护的总体趋势,面向国内外海洋资源开发的重大需求,重点突破深海装备的关键技术,大力发展以海洋油气开发装备为代表的海洋矿产资源开发装备,通过引进海工装备大企业,逐步推进定海现有产业的转型升级,并不断提升产业规模和技术水平,完善产业链,促进定海海洋工程装备制造业快速健康发展。

2. 发展历史

遵循海洋工程装备产业的发展规律,依据国内外海洋工程装备产业的发展趋势,基于定海区发展现状、重点企业和在建重大项目与岸线资源,定海区发展海洋工程装备实施"三步走"战略,具体阶段如下:

(1)第一阶段产业:积累阶段(2013—2015 年)

2013—2015 年是定海海洋工程装备制造业技术发展的关键时期,既是机遇期,更是挑战期。该阶段的产业发展需要以定海工业园区为主要发展平台,通过引进龙头企业,初步形成产业体系,达到一定产业规模。

到 2015 年,逐步构建成"以海工配套产业为核心,以海洋工程船为品牌,以海工模块装置为拓展,以海洋工程服务业为延伸"的综合海洋工程装备产业体系。将定海建成国内重要的海洋工程装备配套产业基地和海洋工程船舶制造基地。最终形成以定海工业园区为核心,长白岛等多岛屿齐头并进的海工产业集聚区。

(2)第二阶段:产业崛起阶段(2016—2017 年)

2016—2017 年为定海海工机械产业崛起阶段,该阶段企业创新能力有重大飞跃,创新实力不断增强,关键系统和设备的制造能力明显增强,销售收入有明显上升。

2017 年,在海洋钻井系统、动力定位系统、深海锚泊系统、大功率海洋平台电站、大型海洋平台吊机、自升式平台升降系统、水下生产系统等领域形成若干品牌产品;全面掌握深海油气开发装备的自主设计建造技术,装备安全可靠性全面提高,并在部分优势领域形成若干世界知名品牌产品;突破海上风能工程装备的关键技术,具备自主设计制造能力;海洋可再生能源、天然气水合物开发装备及部分海底矿产资源开发装备的产业化技术实现突破。

(3)第三阶段:产业可持续发展阶段(2018 年以后)

2018 年以后为产业可持续发展阶段。通过建立相关研究平台,引进和培育更多相关技能人才,不断寻找海工机械装备中新的经济增长点。

到 2018 年之后,力争建成 1 个国家级研发中心、5 个省级研发中心,力争"浙江省海洋工程装备公共技术服务平台"和"浙江省船舶与海洋工程软件研发中心"落户定海,充分发挥浙江大学海洋学院、浙江海洋大学及其他相关科研平台在海工人才教育、培训方面的积极作用,加快引进海工高层管理、高端研发人才,加快培养一批高素质员工,不断寻找定海海工装备产业新的经济增长点。

3. 发展重点

(1)做专做精海工相关平台模块

海工模块中,结构类模块相对来说技术含量较低,生产类、工艺加工类模块则复杂得多,海工模块的设计则是核心技术。因此,舟山定海应做专做精海工模块,逐步由结构类模块向生产工艺加工类模块发展,最终实现海工模块的设计。重点产品包括海工模块、钻井模块、生活楼模块等,参见图 6.2。

对应产业:①海工模块:海洋工程辅助船,包括起重船、三用工作船、平台供应船、远洋救助打捞船、石油平台支援船、起锚供应船、海洋工程拖船、铺管船、潜水作业船、消防船、修井船、海上风电场工程船、风车安装船等;②钻井模块:120 米及以上水深自升式钻井平台、1500 米及以上水深钻井船、1500 米及以上水深半潜式钻井平台等主流海洋移动钻井平台(船舶);15 万吨及以上浮式生产储卸装置(FPSO)、1500 米及以上水深半潜式生产平台、立柱式生产平台(SPAR)、张力腿平台(TLP)、1500 米及以上水深工程装置、边际油田型浮式生产储油装置等浮式生产系统。

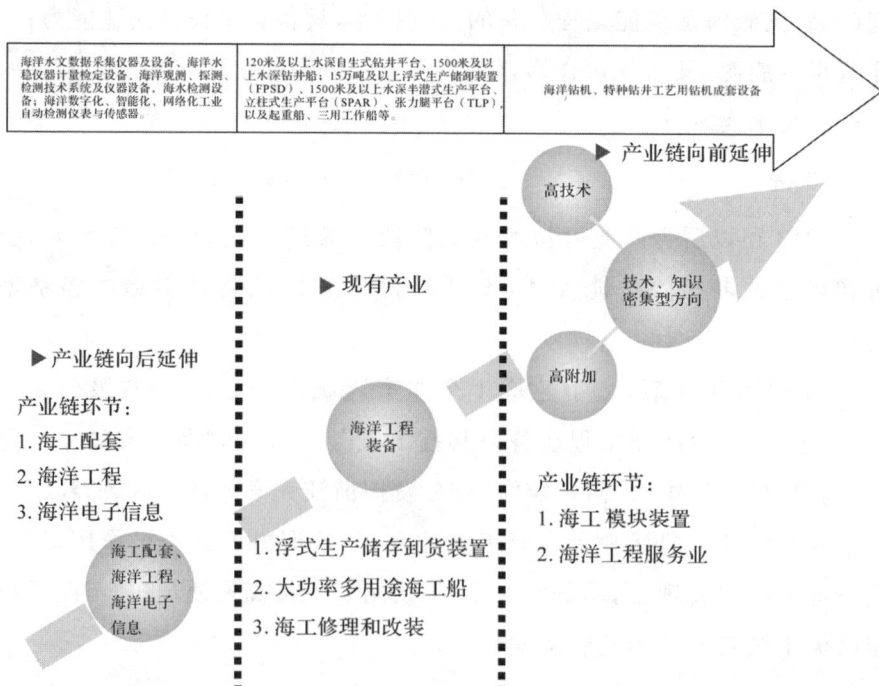

图 6.2　海工装备产业依据

（2）做优做长海工配套装置

我国海工配套装置发展总体上尚处于起步阶段，绝大多数海工配套产品依靠国外进口，而定海船舶配套企业有一定基础，在国内有明显的比较优势。海工配套产品与船舶配套产品相通性强，相似性大，海工配套同样面广量大，产业链长。因此，定海应重点发展海工配套产业，参见图 6.2。

重点产品包括大功率中压柴油发电机组、电力变压器、中速柴油机、应急柴油发电机组、系泊链、单点系泊系统、动力定位系统、甲板多用途起重机、甲板机械、起升绞车、系泊定位绞车、大型浮吊、海工用主配电板、驾驶室控制台、机舱集中控制台、自动化控制系统、海工电器、有毒易燃气体的检测及报警装置、海洋石油平台救生装置、应急密封式防火救生艇、救生艇架装置等。

对应产业：①动力定位系统、轴舵系统、深海锚泊系统、大型海洋平台电站集成系统、主动力及传动系统、钻井平台升降系统、水下生产系统、海洋钻井顶部驱动系统等通用和专用海洋工程配套设备；②海上油田钻井废弃物处理处置技术与成套设备（减容 50％以上，处理率 70％以上）；③海上石油钻井、测井密封件；④直径 1200 毫米及以上的天然气输气管线配套压缩机、燃气轮机、阀门等关键设备，单线 260 万吨/年及以上天然气液化配套的压缩机及驱动机械、低温设备等，大型输油管线配套的 3000m³/时及以上的输油泵等关键设备；⑤海洋钻机、特种钻井工艺用钻机等钻机成套设备。

二、高端船舶制造产业

（一）产业重点概括

1. 发展思路

抓住产业转移机遇，以市场为导向，以科技进步与机制创新为动力，遵循外引内育、差异发展、强化配套、产业集聚、项目带动等发展策略，加快培育以定海工业园区(定海北部临港重装备基地)为重点的高端船舶制造产业核心区块,在现有船舶制造主业基础上,着力开拓和完善特种船制造行业、船舶绿色拆解行业这两大新兴行业,逐步形成"一主二新"、具有特色竞争优势的船舶工业发展格局。

2. 发展方向

(1)综合考虑提升3万吨级船舶、中小型船舶建造能力

下水时的水深要求约6米。未来大船厂主要向两个方面发展:第一,承接大型化、高科技船舶,基本不接3万吨以下的船舶生产订单;第二,修理与改装船舶、海洋工程装备领域等船舶技术含量和附加值高的船型,如图6.3所示。

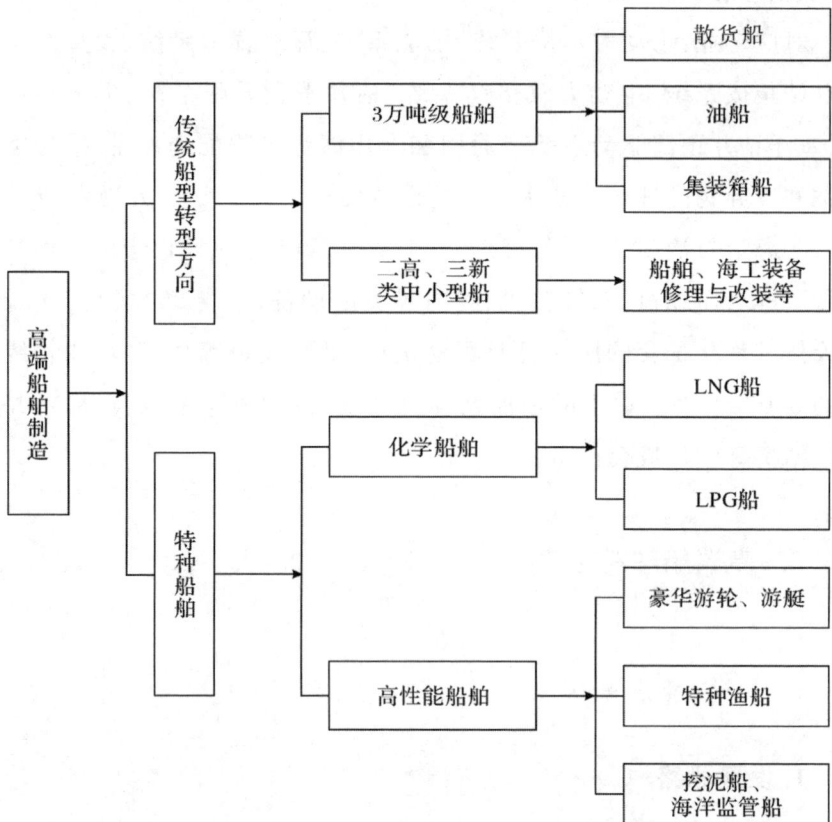

图 6.3　高端船舶制造发展思路

（2）提高对特种船舶的资源整合能力

对于游艇、工程船、LPG等船舶，鼓励定海的企业与国内外大型造船集团建立合作关系，寻求大型造船集团的技术支持，推进合作建造；或通过在国内外定向招商，高起点引入游艇、工程船、LPG等船舶的制造企业，实现跨越式发展。发展重点产品，如游艇、工程船、化学品船、LPG等船舶。近年来，船舶出口以近30％的高速度增长。

（二）产业分析

1. 行业分析

（1）世界船舶制造产业现状

现代船舶产业起源于欧洲，欧洲的造船业也长期领跑于世界。近年来，英国、荷兰、希腊等传统的欧洲造船大国逐渐淡出造船领域，而亚洲国家特别是东亚地区逐渐取代了欧洲的中心地位。20世纪50年代，日本船舶制造业开始崛起，打破了西欧造船一统天下的局面；从20世纪70年代开始，韩国造船业逐步发展并赶超日本，2000年，韩国超过日本成为新的世界造船霸主。2010年，中国造船业三大指标全面超过韩国，位居世界第一。从产业周期看，韩国处于成长期的后期，发展潜力有限，而且随着近年来韩元升值幅度较大，劳动力成本居高不下，竞争力已出现下降迹象；日本相关产业已进入成熟期，产能逐渐萎缩；中国的船舶制造业则刚刚进入快速成长期，发展空间和潜力巨大。

综合船舶装备制造产业重点创新机构的全球分布情况，我们绘制出船舶装备制造产业全球创新地图。全球船舶装备制造产业创新资源集中在五大创新高地：韩国东南沿海的巨济、釜山、蔚山等城市，中国的上海、大连、舟山等东部沿海城市，日本的神户、长崎、大阪、横滨、东京等城市，欧洲的热那亚、圣纳泽尔、帕彭堡、图尔库等城市，美国的佛罗里达、皮奥利亚等城市。各创新高地的重点企业与主要产品详见表6.5。

表 6.5　各创新高地的重点企业与主要产品

创新高地	所在国家或地区	重点机械	主要技术与产品
釜山、巨济、蔚山、首尔	韩国	三星重工、现代重工、大宇造船、韩进重工、成东造船、韩国海洋大学、韩国海洋研究院、KBC、斗山发动机、STX 等	散货船、集装箱船、邮轮、游艇、超级油船、LNG 船、LPG 船、船用发动机、甲板机械等
神户、长崎、大阪、横滨、东京	日本	日本三井造船、三菱重工、石川岛、川崎造船、今治造船、日立造船、洋马、大发、精工等	集装箱、散货船、豪华邮轮、超级油船、吊机、柴油发动机等
图尔库、苏黎世、圣纳泽尔、伦敦、热那亚	德国、瑞士、挪威、法国、英国、意大利等西欧国家	芬坎蒂尼、迈尔、STX 欧洲（大西洋、阿克尔）、西门子、马克、FAG、瓦锡兰、曼恩、舍费勒、ABB、国际油漆、麦基嘉、BLM、TIS、KaMeWa、阿特拉斯、佐墩、阿克苏诺贝尔等	豪华邮轮，豪华游艇，船用电子、电机、轴承、吊机、防腐油漆、通讯导航、压载水处理等
大连、天津、青岛	中国	大连海事大学、大连理工大学、大船重工、中远船务、大连新船重工、渤船重工、新船重工、北船重工、扬帆造船、武船重工、青岛双瑞、青岛海德威等	油轮、散货船、油船、集装箱船、大型 LNG 船、储油船、海洋综合检测船、海洋工程辅助船、柴油机、曲轴、压载水处理等
上海、舟山		上海外高桥、沪东中华造船、上海船厂、振华重工、中国船舶及海洋工程设计研究院、上海交通大学海洋工程国家重点实验室、上海海事大学、欧华造船、万邦造船、台湾国际造船等	集装箱船、散货船、油轮（VCC）、特种船（冷藏船、水泥船、甲板重货载运船、石油平台等）、修船、柴油机等
佛罗里达、皮奥利亚	美国	爱默生公司 KPT、卡特彼勒等	船用发动机、发电机、轴承等工程机械

（2）我国船舶制造产业现状

从 20 世纪 90 年代开始，我国造船完工量持续快速增长。1995 年全球排名上升至第三位,此后连续多年保持在全球第三的位置,与韩国、日本的差距大幅缩小,直至 2010 年,中国造船业三大指标全面超过韩国,居世界第一。截至 2011 年末,全国造船完工量 4243 万载重吨,同比增长 47%;新承接船舶订单 2600 万载重吨,同比下降 55%;手持船舶订单 18817 万载重吨,同比下降 8%。中国造船完工量、新接订单量、手持订单量分别占世界市场份额的 34.8%、61.6%、38.5%。2011 年,全国规模以上船舶工业企业 1839 家,完成工业总产值 5484 亿元,同比增长 28.7%。其中船舶制造业收入 4176 亿元,同比增长 31.7%;船舶修理及拆船业收入 677 亿元,同比增长 5%。2016 年,全国造船完工量 3532 万载重吨,其中海船为 1172 万载重吨;新承接船舶订单量 2107 万载重吨,同比下降 32.6%,其中海船为 731 万载重吨。手持船舶订单量 9961 万载重吨,其中海船为 3225 万载重吨,出口船舶占总量的 92.6%。2016 年,我国造船三大指标市场份额总体保持世界领先,造船完工量、新接订单量、手持订单量分别占世界市场份额的 35.6%、65.2%、43.9%,其中完工量居第二位,新接订单和手持订单均位居第一。

1)造船业:结构不断优化,技术实现新跨越。全国共有各类船舶制造企业约 3000 家,其中规模以上造船企业 913 家,中国船舶工业集团、大连船舶重工集团进入世界前列,但总体呈现企业数量偏多、水平较低、小而散的局面。目前,我国五大船厂造船产量占全国总量比重达 68%;上海、江苏和辽宁三大地区的造船完工量占全国的 3/4 以上。从技术水平上看,除豪华游船等少数船型外,我国已经可以建造符合各种国际规范、航行于各种海域的船舶。船型结构日趋合理,2010 年我国大型油轮已占船舶总量的 63%,散货船占船舶总量比重由 60% 下降到 30%,集装箱船占船舶总量比例已超过日本。

2)船舶配套业:国产化率尚低,但发展势头迅猛。目前,我国船舶配套业由于缺乏技术、品牌和完善及时的全球服务网络,综合配套能力低,船舶配套设备国产化率不到 50%。然而,近年来,我国船舶配套产业迅猛发展,逐渐形成了以上海为中心的长三角地区和以大连为中心的环渤海地区等多个船舶配套园区(见表 6.6)。

表 6.6　我国主要船舶配套园区

园区名称	主要产品或业务	园区规模
上海临港船用设备制造基地	为港口机械、造船、修船等企业提供生产和生活配套服务	占地面积 100 公顷
南通船舶配套工业集中区	大马力、低船速用柴油发动机组及其辅机,船用电子控制系统、机舱自动化系统和导航设备,海上石油钻井平台模块等	总投资达 4.39 亿美元
扬州市大洋船舶配套工业园	与太平洋重工扬州造船基地形成产业链关系	产值 50 亿元,占地 1000 多亩
江苏如皋船舶机电配套产业园区	船舶机电	规划面积 10 平方千米
舟山船配件加工园区	船用油漆、螺旋桨、锚链、船用配电设备、阀门、法兰、水密门、窗和舱口盖等	包括新港工业区块、岱西、六横三个加工园
辽宁船舶配套工业园	建设成为辐射海湾、东南亚的船舶系统及系统配套基地	引进数十家船配企业
蓬莱船舶配套工业园	船舶配套件、单元组装、舱口盖、下水件、船用辅机、甲板机械、船舶原材料、舾装设备等	规划总面积 2000 亩
文登市泽库镇船舶配套工业园	机电、导航设备、船用涂料、内装饰材料等	规划建设 2000 亩

3)修船业:滞后于造船业,但发展空间较大。2010 年,全国规模以上企业修船总产值达到 560 亿元,约占当年全国船舶工业总产值的 34%。2015 年 1—11 月,修船业共实现利润总额 8.2 亿元,同比增长 153%。修船业发展速度逐年加快,但总体滞后于造船业,存在大型船舶修理设施缺乏、大型船舶(10 万吨以上)修理能力不足、修船科技发展滞后、修船企业设计水平不高、改装能力差等问题。目前,我国修船业主要集中在三大地区,即以舟山为中心的长三角地区、以大连为中心的渤海湾地区和以广州为中心的珠三角地区。其中,长三角地区拥有舟山中远船务、华润大东、上船澄西、南通中远船务等一批修船企业。同时,长三角地区有我国最大的港口群,上海港年吞吐量 4 亿多吨,宁波港为 3 亿多吨,另外还有南通港、苏州港、镇江港等,有望孕育一个世界级的修船中心。

2.市场分析

(1)工业总产值增速放缓,船舶制造业增长加速

2011 年,全国规模以上船舶工业企业 1839 家,完成工业总产值 5484 亿元,同比增长 28.7％。其中船舶制造业 4176 亿元,同比增长 31.7％;船舶配套业 620 亿元,同比增长 42.2％;船舶修理及拆船业 677 亿元,同比增长 5％。但 2012 年前三季度,船舶工业总产值增长放缓,同比增速创 2006 年以来的新低。2012 年 1—9 月,全国规模以上船舶企业 1636 家,完成工业总产值 5845 亿元,同比增长 2.6％,增幅较上年末下降近 20 个百分点。

(2)利润总额降幅进一步扩大,"盈利难"问题凸显

2011 年,船舶行业实现利润在 2008 年大幅增长 50.5％的基础上继续保持增长。1—11 月份,规模以上船舶工业企业实现利润总额 316.4 亿元,同比增长 8.3％。其中船舶制造业 242.3 亿元,比上年同期增加 60.3 亿元,占全行业利润的 76.6％;船舶配套 33.4 亿元,比上年同期增加 15.4 亿元,占全行业利润的 10.6％;船舶修理及拆船业 40.4 亿元,比上年同期下降 44 亿元,占全行业利润的 12.8％。但由于过去的高价船已经基本交付完毕,当前及未来交付的船舶订单均为危机爆发后承接的低价船订单,因此,"盈利难"的问题成为行业面临的主要难题。2012 年前三季度,我国船舶工业利润总额持续萎缩,且降幅进一步扩大。1—9 月,我国船舶制造行业实现利润总额 216.2 亿元,同比下降 34.77％。

2016 年 1—11 月,全国规模以上船舶工业企业共 1459 家,实现主营业务收入 6975.7 亿元,同比下降 1.6％。其中,船舶建造业 3421.9 亿元,同比下降 3.1％;船舶配套业 936.1 亿元,同比增长 0.8％;船舶修理业 184.7 亿元,同比下降 4.6％;海洋工程专用设备制造 675.5 亿元,同比增长 15.3％。规模以上船舶工业企业实现利润总额 147.4 亿元,同比下降 1.9％。其中,船舶建造业 123.1 亿元,同比增长 5.3％;船舶配套业 51.8 亿元,同比增长 18.2％;船舶修理业 5 亿元,同比下降 35.2％;海洋工程专用设备制造亏损 41.9 亿元。

（3）产品出口额降幅较大，出口交货值增速收缩

2016 年 1—11 月，我国船舶出口金额为 215 亿美元，同比下降19.4%。我国出口船舶产品中，散货船、油船和集装箱船仍占主导地位，其出口额合计 122.5 亿美元，占出口总额的 57%。我国船舶产品出口到 160 多个国家和地区，亚洲仍然是我国船舶出口的主要地区。我国向亚洲出口船舶金额为 100.9 亿美元，占出口总额的 47%；向欧洲出口船舶金额为 40.1 亿美元，占总出口额的 21%；向拉丁美洲出口船舶金额为 15.4 亿美元，占总出口额的 7.2%。

3. 行业趋势

尽管目前船舶制造面临工业总产值增速放缓、利润总额降幅进一步扩大及产品出口额降幅较大的问题，但考虑到前几年船舶制造市场的火热与未来整体海运市场的发展前景，下调是正常的"产能释放"。从整体来看，未来传统船舶制造产业处于成熟时期（参见表 6.7），而此行业中新兴模块将会异军突起。具体表现为：第一，从近几年的船舶工业市场分析数据来看，虽然其增长率都在下降，但持续的增长体现出一定的市场需求；第二，由于目前船舶制造行业的整体特征表现为市场增长率不高，需求增长率不高，传统技术已经成熟，行业盈利能力下降，所以在该行业内寻找新兴增长点是未来产业可持续发展的关键。目前在船舶制造产业中特种船的制造及船舶维修表现出良好的发展势头。

表 6.7　船舶制造行业评测

行业评价指标	行业现状
生命周期	成熟期
供需状况、总量预期	稳定
国家政策支持程度	特种船等新兴行业支持力度大，传统的船舶制造不鼓励
产品替代可能性	小
行业进入及退出壁垒	高
厂商议价能力及成本控制能力	较高

(二)产业发展路径研究

1. 指导思想

贯彻落实习近平新时代中国特色社会主义思想,围绕走新型工业化道路的要求,抓住产业转移机遇,以市场为导向,以科技进步与机制创新为动力,遵循外引内育、差异发展、强化配套、产业集聚、项目带动等发展策略,加快培育以定海工业园区(定海北部临港重装备基地)为重点的高端船舶制造产业核心区块,在现有船舶制造主业基础上,着力打造和完善特种船制造行业、船舶绿色拆解行业这两大新兴行业,逐步形成"一主二新"、具有特色竞争优势的船舶工业发展格局。

2. 发展历史

定海是传统船舶制造产业发展特色鲜明,并具备中小型现代特种造船总装模式的船舶制造基地及10万吨级船坞修理能力的船舶修理基地,具有造船、特种船舶、船舶绿色拆解"三位一体"的船舶工业体系,打造了国内具有特色的船舶工业发展的新模式。

其发展的三大阶段如下:

(1)第一阶段:优化结构、合理布局阶段(2013—2015年)

落实省、市、区有关船舶工业发展的政策和措施,优化船舶工业发展环境,统筹规划、合理布局船舶工业发展。以定海工业区为依托,全面谋划长白岛、金塘岛屿的岸线优势,在现有长宏国际、增洲等龙头企业的引领下,扩大传统船舶制造优势,全面引进建设3～5家新型船舶(特种船舶)制造企业,并初步建立小型船舶修造基地;积极推进现有船厂的改造提升和专业化分工协作,建成船舶设计(技术)中心和生产服务中心。

这一阶段主导产品以化学品船、工程船、游艇为重点发展方向,逐步形成产业。

(2)第二阶段:规模形成、品牌确立阶段(2016—2017年)

在原有产业发展的基础上,逐步加大和完善以长白岛、金塘岛屿的岸线与水深优势,吸引品牌带动效应更大的企业落户定海,重点培养新兴船舶制造品牌,打造定海本区的新兴船舶制造品牌。加强对原有船舶制造企业产品开发和生产的行业指导,引导现有原有船舶制造企业在做大做强的同时鼓励其往新兴造船方面发展,实现定海区内船舶制造企业的转型升级。

这一阶段主导产品以化学品船、工程船、游艇为重点,创出 1~2 个名优船舶产品。

(3)第三阶段:壮大规模、确立地位阶段(2018 年以后)

以定海工业园区为核心,长白岛、金塘岛为两翼,全面集聚一批"新、精、专、特"的特种船舶制造企业,并以此为契机,进一步合理改进造船和修船模式,提高效率,扩大产能。

这一阶段主导产品除原有主导产品外,全面发展液化气船,创出 3~5 个名优船舶产品。

3. 发展重点

(1)综合考虑 3 万吨级船舶

下水时的水深要求约 6 米。未来大船厂主要向两个方面发展:一是承接大型化、高科技船舶,基本不接 3 万吨以下船舶订单;二是船舶、海洋工程装备的修理与改装等船舶技术含量和附加值高的船型。

发展重点产品:提升中小型船舶建造能力,加速向二高(高附加值、高技术含量)、三新(新技术、新工艺、新船型)方向发展,如图 6.4 所示。

对应产业:①散货船、油船、集装箱船的优化升级,开发建造符合国际新规范、新标准的船舶;②高技术附加值船舶、海洋工程装备的修理与改装。

(2)提高对特种船舶的资源整合能力

对于化学品船舶,可依托现有的船舶修造企业,加大资源整合和重组购并力度,进一步做大做强。对于游艇、工程船、LPG 等船舶,鼓励企业与国内外大型造船集团建立合作关系,寻求大型造船集团的技术支持,推进合作建造;或通过在国内外定向招商,高起点引入游艇、特种渔船制造、工程船、LPG 等船舶的制造企业,实现跨越式发展。

发展重点产品:研发生产游艇、工程船、化学品船、LPG 等船舶。

对应产业:①10 万立方米以上的液化天然气船(LNG)、1.5 万立方米以上的液化石油气船(LPG)、万箱以上集装箱船、特种工程船舶、豪华客滚船、IMOⅡ型以上化学品船、豪华邮轮、游艇、气体动力及混合燃料船、5000 车位及以上汽车运输船等高技术、高附加值船舶。②新型高性能远洋渔船和玻璃钢渔船(特种渔船)、1 万立方米以上耙吸式挖泥船、超大型疏浚船、火车渡轮、科学考察船、破冰船、海洋调查船、海洋监管船等特种船舶及其专用设备。

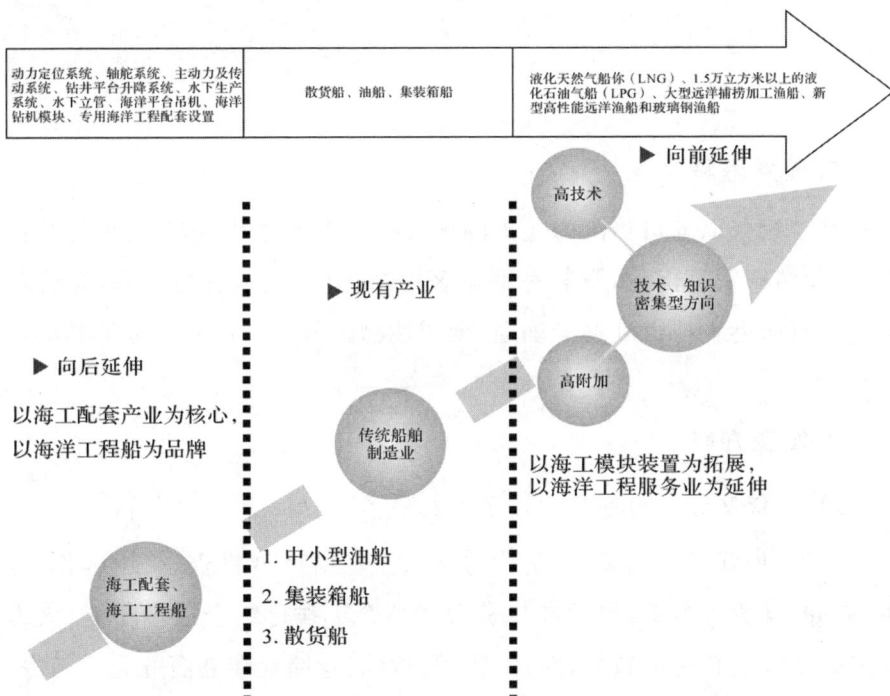

动力定位系统、轴舵系统、主动力及传动系统、钻井平台升降系统、水下生产系统、水下立管、海洋平台吊机、海洋钻机模块、专用海洋工程配套设置

散货船、油船、集装箱船

液化天然气船你(LNG)、1.5万立方米以上的液化石油气船(LPG)、大型远洋捕捞加工渔船、新型高性能远洋渔船和玻璃钢渔船

▶ 向前延伸

高技术

技术、知识密集型方向

高附加

▶ 现有产业

▶ 向后延伸
以海工配套产业为核心,
以海洋工程船为品牌

传统船舶制造业

以海工模块装置为拓展,
以海洋工程服务业为延伸

海工配套、海工工程船

1. 中小型油船
2. 集装箱船
3. 散货船

图 6.4　高端船舶产业依据

第二节 港口物流及高端装备制造产业

据相关权威部门统计,2012年上半年全国主要港口货物吞吐量超过25万标准箱,平均增长近10%。2015年9月,全国规模以上港口完成货物吞吐量93124万吨,同比增长2.7%,其中,沿海港口完成63346万吨,增长3%;内河港口完成29778万吨,增长2%。

一、港口物流(物流业、港口物流服务业)产业分析

(一)产业重点概括

1. 发展思路

基本建成以港口物流为龙头的现代物流服务体系,物流规模持续扩大,产业结构明显优化,服务水平显著提高,综合成本明显下降,综合性国际性枢纽港地位得到逐步确立,全国性物流节点城市的地位得到巩固和提升。

2. 发展方向

(1)传统物流业向港口物流服务发展

首先,加强港口建设,吸引优势港口企业跨区域投资,采用合作、合资、兼并、参股等方式,推动港口资源的整合。强化综合运输功能,大力发展体现港航特色的贸易、海运、代理、货代、仓储等涉港商务业。其次,推动传统港口向物流型智慧港口发展,完善港口物流功能,推进物流公共信息平台和电子商务平台的建设,引进和培育事务所、会展公司及中介机构等,增强商务服务功能。

(2)推进建设保税港区

发展保税物流,保税加工制造,国际采购、中转、配送业务,与国际中

转业务和国际航运配套的金融、保险、代理、理赔、检测、交易定价等服务业务。

（二）行业分析

随着世界经济的全球化，传统要素对港口城市空间发展的影响力渐弱，现代化的航运、港口和港口群的发展导致港口的产业结构和空间布局发生了变化。就世界经济对海洋及海上运输方式的依赖程度而言，可将现代港口形成与发展的历史演变过程划分为三个阶段：内海区域发展阶段、外洋沿岸发展阶段、经济全球化阶段。从港口的功能特点和生产特点看，可将世界港口的发展分为四个阶段，目前，世界港口承担着全球资源配置枢纽的作用。总体来说，世界贸易全球化带动了航运的快速发展，港口在国际物流体系中的地位发生了变化，港口群成为重要的区域发展要素。

1. 世界港口物流发展趋势

第一，世界贸易全球化带动港口物流业的快速发展。世界港口的发展变化与世界海运贸易的发展情况息息相关。现阶段航运的发展趋势是海运占据国际贸易的重要地位；资源运输为海运的重要部分；海运运行高效化和低成本化。20世纪90年代后，随着国际政治格局的改变，经济全球化的进程得以逐步推进，国际贸易发展迅速，在国际贸易的货物运输体系中，海洋运输占了绝大部分。若干国际研究机构的统计分析表明，在海洋运输的货物中，煤、铁、石油等资源的运输是重要部分。数据显示，在1985—2011年世界海运贸易货物统计中，资源货物始终占据运输总量的一半以上。

第二，港口在国际物流体系中的地位发生变化。结合海洋运输发展和工业化发展因素，我们可以总结出现代港口发展的趋势：大型化趋势，深水化趋势，生产管理的高效、高科技化趋势，信息化、网络化趋势，向物流服务中心转化的趋势，普遍重视生态系统修复与保护的趋势。21世纪港口已成为全球资源配置的枢纽，生产方式打破了物流服务和中转等较为简单的方式，呈现出组织自治化、生产自动化、经营集约化、管理现代化、信息产业化、建设管理生态化等趋势,且随着国际贸易物流体系的日益完善,港口群体、城市社区分运网带和综合流通网链一体化趋势越来越明显,港口已成为国际整体物流体系中的一个转运环节。

第三,港口群成为重要的区域发展要素。港口群体、城市社区分运网带和综合流通网络一体化趋势带动了港口群协作的强化。所谓港口群,是指由若干个功能或部分功能可相互替代、相互依存、相互补充的个体港口组成的港口群体大系统。当两个或几个港口拥有共同的腹地时,就形成了一个港口群系统。大区域内港口的协作与整合是未来的必然趋势。在世界港口发展的大背景中,地区港口集群联合形成的航运枢纽正在发挥日益重要的作用。譬如,欧洲港口群具有稳定的集输运能力,港口间的协作联运程度高等。

2. 国内港口物流发展趋势

第一,整体化趋势。当今全球一体化趋势日趋明显,对于物流来说也朝着集约化、规模化、整体化方向发展。因此,对于现在的港口物流要有一种整体系统观念,不能仅仅只是关注港口的运作,更多的是以港口为平台,辐射到和港口贸易有关的各个方面,既要进行港口物流产业内部的整合,也要与陆路、航空进行全方位的合作。通过联合规划形成一个通畅的运输渠道,从而进一步降低物流成本,提高效率。

第二,技术现代化趋势。现代化的科学技术对港口的运作产生了重要影响,随着科学技术的发展,越来越多的先进的技术运用到物流产业上来。技术使运输方式变得更为现代化,同时港口装卸工艺的合理化与装卸机械设备的自动化也有很大提高。这当中有些技术并没有被广泛应用,但作为一种发展趋势及我国整体物流业的发展,这些技术会逐渐地在港口物流的各个领域被使用,使港口物流从传统的劳动密集型向技术密集型转变,实现物流运作方式的现代化,全面提升我国港口物流的竞争力。

第三,一体化趋势。随着经济的发展和社会的进步,人们对生活、生产的要求也越来越高;同样对港口物流的服务功能的要求也会增加。因此港口物流的服务功能将进一步拓展,港口将成为物流服务中心,为货物、汽车、火车、货物、集装箱提供中转、装卸和仓储等综合物流服务。

第四,信息化趋势。港口物流建立在港口物流信息平台的基础上,形成四通八达的信息网络,可以缩短信息交换时间,提高作业效率。此外,还可以发展电子商务,提供网上报关、报检、许可证申请、结算等网上服务。通过无形的信息网络,加大腹地的范围,还可以实现信息共享。因此,那些可提供良好信息与通信技术基础设施的港口在未来竞争中将更能显示优势。

（三）市场分析

第一,港口货物吞吐量增速放缓,但仍有很大增长空间。随着国际经济贸易持续走弱,国内宏观经济增速逐渐放缓,货物运输和港口吞吐需求受到一定程度的影响,港口货物的吞吐量增速放缓。虽然港口生产面临诸多复杂的外部环境,在国家相关贸易政策的引领下,港口运输生产正在健康、有序地发展。从需求来看,市场对石油、金属、矿石、钢铁、水泥等大宗货物的需求强劲,也为水路运输的持续发展提供了较大的空间。从吞吐量增速看,各港口货物吞吐量均实现大幅增长（参见表 6.8、表 6.9）,港口物流增长空间广阔。

表 6.8　2013 年港口货物吞吐量居世界前 20 位的港口　单位:百万吨

排名	港口	所属国家或地区	吞吐量
1	上海港	中国	775.7
2	新加坡港	新加坡	560.9
3	天津港	中国	500.6
4	宁波港	中国	495.9
5	广州港	中国	455.2
6	青岛港	中国	450.0

续表

排名	港口	所属国家或地区	吞吐量
7	鹿特丹港	荷兰	440.5
8	大连港	中国	407.5
9	黑德兰港	澳大利亚	372.3
10	釜山港	韩国	313.3
11	香港港	中国	276.1
12	秦皇岛港	中国	272.6
13	南路易斯安那港	美国	241.6
14	休斯敦港	美国	236.5
15	深圳港	中国	234.0
16	名古屋港	日本	208.2
17	巴生港	马来西亚	198.9
18	安特卫普港	比利时	190.8
19	丹皮尔港	澳大利亚	177.5
20	蔚山港	韩国	167.9

资料来源：Shipping Statistics and Market Review，December 2014，ISL.

表 6.9　2014 年中国主要港口货物吞吐量前 10 位港口

排名	港口	2013 年吞吐量/万吨	2014 年吞吐量/万吨	同比/%
1	宁波—舟山港	80978	87347	7.9
2	上海港	77575	75529	−2.6
3	天津港	50067	54002	7.9
4	唐山港	44620	50075	12.2
5	广州港	45517	50097	6.0
6	苏州港	45435	47792	9.9
7	青岛港	45003	46802	4.0

续表

排名	港口	2013 年吞吐量/万吨	2014 年吞吐量/万吨	同比/%
8	大连港	40746	42337	3.9
9	日照港	30937	33502	8.3
10	营口港	32013	33073	3.3

资料来源:2014 年上海口岸年鉴

第二,大宗原材料进口加快,推动外贸货物吞吐量快速增长。2012 年上半年,大宗原材料尤其是原油的进口明显加快,部分生活物资的进口也维持较快的增长。受原油等大宗原材料进口加快增长的推动,港口外贸货物吞吐量呈快速增长态势。

第三,集装箱增长迅猛,市场增长空间较大。港口能力的建设发展为中国港口经营提供了广阔舞台。依托中国经济稳步增长的强劲动力,中国 2003 年完成港口集装箱吞吐量 4800 万标准箱,跃居世界第一位。到 2006 年,完成集装箱吞吐量达到 9316 万标准箱,同比增长 24.3%,牢牢占据世界第一的宝座。2012 年受世界经济和贸易增速放缓、主要经济体需求乏力等因素影响,主要出口航线箱量回暖势头较弱,船公司旺季涨价行为难以实现。由于市场运力供大于求,欧美航线平均舱位利用率只有 80%~85%。受此影响,港口集装箱吞吐量增速有所放缓,但上升势头仍然较稳健。2012 上半年,全国主要港口完成集装箱吞吐量 8459.05 万标准箱,同比增长 8.8%,增速比上年同期下降 4.1 个百分点,沿海港口完成集装箱吞吐量 7564.96 万标准箱,同比增长 8.7%。

第四,港口机械发展空间和潜力较大。由于港口机械生产属于交通产业,即国家重点发展的基础产业,国家对其投资一直很大,加之我国港口设备大多需要更新换代,港机设备的生产有较大的发展空间。因此,港口机械设备的生产除了吸引本行业的厂家外,还吸引了其他行业的厂家(如造船厂、大型重型机械厂)不断涌入,可见未来港口机械行业成长空间很大。

第五,行业处于成长期(见表 6.10)。港口行业属国民经济基础产业,与国民经济增长密切相关。宏观经济形势的周期性变化将对港口行业的经营产生直接影响。经济发展,特别是我国经济持续快速发展,促进了我国港口建设行业的高速发展,对特定港口而言,其腹地经济结构和经济发展状况直接影响当地港口的建设;港口货物进出口作为一种派生性需求,腹地经济的增长、外贸比重与公司货物吞吐量密切相关地区经济和外贸发生较大波动,如果经济发展速度落后,则不可避免地会影响港口经营的稳定性。

随着全球航运业中心向东亚、特别是向我国转移,"中国因素"在国际港口和航运业发展中的影响越来越大。为应对随时可能发生的金融危机,港口业正采取增加国内投资、规范市场秩序、推进节能减排、整合港口资源等措施,积极应对金融危机。目前,我国港口业连续逐月处于正增长之中。

当前,我国港口的现代化程度有了很大提高,尤其是沿海主要港口的现代化水平已经接近发达国家的先进港口,局部已处于世界先进水平。在科技的推动下,中国港口的总体规模和总吞吐量均已居世界首位。

表 6.10 中国港口行业评测

行业评价指标	行业现状
生命周期	成长期
供需状况、总量预期	增长(但受经济形势的影响)
国家政策支持程度	很大
产品替代可能性	小
行业进入及退出壁垒	高
厂商议价能力及成本控制能力	高

二、高端装备制造产业分析

(一)产业重点概括

高端制造业是一个国家或地区工业化过程中的必然产物。从行业的角度讲,高端制造业是指制造业中新出现的具有高技术含量、高附加值强有竞争力的行业,具有技术含量高、资本投入高、附加值高、信息密集度高,以及产业控制力较高、带动力较强等特点,是未来机械产业发展的必然趋势。

然而发展高端制造业,不能凭空而出,必须与经济当地发展水平和产业结构相适应,也就是要充分认识经济发展的客观规律和阶段性,因地制宜,充分发挥本地区的比较优势。充分利用舟山国际粮油集散中心和海洋石化存储基地的优势,由粮油集散中心向港口高端装备制造业方向发展,由海洋石化向二次加工和国际船舶燃料供应业务等方向发展。从定海区现有机械产业基础优势分析,未来十年,定海高端装备制造应该在突出培育行业龙头骨干企业和发展特色优势产业集群基础上,进一步依靠政策环境,加强产业导向,引导有基础的企业逐步向高端机械手和深海勘探技术转变(可以做西码头水产机械手、港口物流机械手),不断做强高端装备制造业。

(二)行业分析

1.行业政策导向明显

从产业、金融政策来看,《国家中长期的产业政策(2006—2020)》突出强调了制造业的重要性,强调要支持数控机床相关产业如机械手等的发展,机械手作为一种简单的工业机器人是符合中国经济发展导向的。从宏观上可以判断,机械手总体处于行业快速成长周期,必然呈现稳步上升趋势。浙江省在国家规划的基础上,进一步提出要在制造业转型方面有所突破。在科技、财政、金融政策方面,浙江省明确提出要支持高新技术产业,在税收和信贷等方面给予优惠,从而推动新兴行业的成长及经济的转型升级。

2.行业需求增长较快

(1)机器代替人工是必然趋势

借鉴美国、日本等先发国家的经验,当经济通胀压力增加、投资回落之际,以机械代替人工的效应较为明显。

中国经济当前所处的高通胀下放缓增速的情况与其有一定的类似性:一是 CPI 持续走高;二是工资持续上升,劳动力成本上升。

(2)人工成本急剧上升

依据 2000—2014 年机械行业增长与平均工资增长的相关性分析,机械行业的增长随着人工成本的增长而表现出的增长趋势。具体而言,机械行业增长量表现为在工资上涨后出现增长。

3.深海勘探(技术装备)行业发展潜力较大

由于陆地资源的减少,海洋油气资源将成为未来一段时间人类重要的油气来源。不过,与世界先进水平相比,我国海洋工程装备及开发能力还较为落后。目前,深海勘探(装备技术)的发展趋势主要集中在深海运载技术装备及拖曳类装备、深海调查类装备、深海取样类装备。

(三)市场分析

机械手是舟山港口物流及高端装备制造产业发展的突破口,因此,本研究主要选择机械手作为主要分析对象。

1.机械手产品之间技术差异大

机械手产品的发展与企业本身技术实力有密切的关系,由于专业分工较为明显,因此各个企业在发展其产品时往往注重产品生产技术和功能的创新,技术壁垒较高,客观上造成了机械手市场的差异化现象,高端机械手产品与一般机械手产品的差异非常明显。一般情况下,制造高端机械手的企业往往不能制造一般机械手,例如,制造焊接机械手的沈阳机器人厂,就没有相关的注塑机产品,或者特殊的机械手产品。所以,市场竞争者往往通过在细分上的占领来站稳脚跟,并拓展市场。

2. 深海勘探(技术装备)产业发展环境优越

我国的《中长期科学和技术发展规划纲要(2006年—2020年)》中提到,要重视发展多功能、多参数和作业长期化的海洋综合开发技术,以提高深海作业的综合技术能力。重点研究开发天然气水合物勘探开发技术、大洋金属矿产资源海底集输技术、现场高效提取技术和大型海洋工程技术,其中,深海作业技术是海洋技术发展的重点之一。我国向深海进军的步伐已经明显加快,特别是"蛟龙号"的成功,给产业发展带来更大的信心。

三、港口物流及高端制造产业发展路径研究

(一)指导思想

以科学发展观为指导,围绕舟山市委、市政府"以港兴市、全面跨越"的战略部署,抓住舟山群岛新区和浙江海洋经济发展示范区建设战略契机,按照建设海洋经济强区,构建定海海洋新兴产业体系目标要求,集聚提升、特色布局、强化开放、创新机制、互补发展,着力打造港口物流服务业、港口物流设备、港口物流高端装备制造,努力成为面向舟山、接轨长三角的海上特色服务中心港口物流及高端装备制造业发展思路见图6.5。

```
                                                    ┌─────────┐
                                                    │ 船舶交易 │
                                                    └─────────┘
                                                    ┌───────────┐
                                        ┌────────┐  │ 航运金融保险 │
                                   ┌────│ 港口建设 │──┤
                                   │    └────────┘  │ 航运信息咨询 │
                                   │                └───────────┘
                                   │                ┌───────────┐
                                   │                │ 物流型智慧港口│
                                   │                └───────────┘
                                   │                      ……
┌──────────────┐                   │                ┌─────────┐
│ 港            │                   │                │ 保税物流 │
│ 口            │                   │                └─────────┘
│ 物            │                   │                ┌───────────┐
│ 流            │                   │    ┌────────┐  │ 保税加工制造 │
│ 及            │                   │    │ 保税港区 │──┤
│ 高 ──────────────────────────────┼────│        │  │国际中转和航 │
│ 端            │                   │    └────────┘  │运配套服务业 │
│ 装            │                   │                └───────────┘
│ 备            │                   │                ┌───────────┐
│ 制            │                   │                │国际采购、中 │
│ 造            │                   │                │转、配送业务 │
│ 产            │                   │                └───────────┘
│ 业            │                   │                      ……
└──────────────┘                   │                ┌─────────┐
                                   │                │ 起重机械 │
                                   │                └─────────┘
                                   │                ┌───────────┐
                                   │    ┌──────────┐│ 连续输送机械 │
                                   └────│ 高端机械装备│┤
                                        └──────────┘│ 机械手   │
                                                    └─────────┘
                                                    ┌───────────┐
                                                    │ 深海勘探设备 │
                                                    └───────────┘
                                                          ……
```

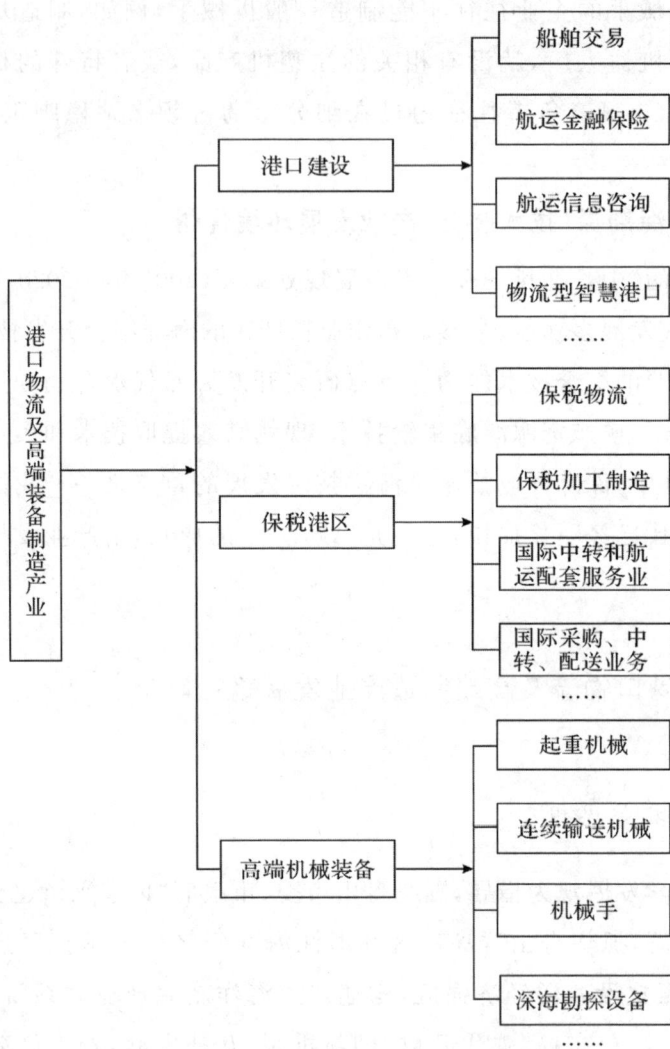

图 6.5　港口物流及高端装备制造发展思路

(二)港口物流业发展历史

定海区港口物流业发展的总体目标是基本建成以港口物流为龙头的现代物流服务体系,物流规模持续扩大,产业结构明显优化,服务水平显著提高,综合成本明显下降,综合性国际性枢纽港地位得到逐步确立,全国性物流节点城市的地位得到巩固和提升。

1. 第一阶段：产业初创期（2013—2015 年）

以新一代港口建设为目标，大力开展国际中转、配送、采购、转口贸易等高端增值服务，建成专业化国际采购中心和国际配送中心，形成若干个特色进口商品展示、交易平台，成为辐射全国性的进口商品交易集散地。

2. 第二阶段：产业拓展期（2016—2017 年）

进一步形成以港口物流（集装箱物流、保税物流、大宗商品物流）和制造业物流、城市配送物流等为重点，其他专业物流协调发展的现代物流产业体系。

3. 第三阶段：产业可持续发展时期（2018 年以后）

现代物流和航运服务要素进一步完善，港口总部经济产业带成为新的经济增长点、成为经济发展的强劲引擎。该时期，港口物流产业综合效益进一步提高，产业园区布局进一步合理，支柱产业地位逐渐加强。营业收入在 10 亿元以上的总部型物流企业达到 15 家。供应链管理能力明显增强，物流一体化运作水平显著提高，社会综合物流成本持续降低。

（三）高端装备制造业发展历史

定海高端装备制造应该在突出培育行业龙头骨干企业和发展特色优势产业集群基础上，进一步完善政策环境，加强产业导向，引导有基础的企业逐步向高端机械手和深海勘探技术转变，例如可以做西码头水产机械手、港口物流机械手，不断做强高端装备制造业。稳步提升定海在重大技术装备自主创新，努力将定海打造成为在国内高端装备制造产业特色基地。

1. 第一阶段：产业初创期（2013—2015 年）

产业结构优化调整，从定海现有塑机制造及纺织机械逐步发展形成机械手等高端装备制造产业，机械手等相关高端制造迅速占定海全部机械制造业的比重年均提高一个百分点。引进、培育两家具有符合定海实际需求的高端装备(机械手、深海勘探)企业,在产品创新取得明显进展。

2.第二阶段:产业拓展期(2016—2017年)

以龙头企业驱动,进一步提高产业集聚度,在原有机械产业基础上,逐步创建高端装备产业基地,打造1个高端机械产业(机械手、深海勘探技术)集群。进一步培育1～2家年销售收入超1000万元、5家年销售收入超500万元的企业(集团),以及一大批具有一定核心竞争力的"专、精、特、新"中小型装备制造企业,形成优势互补、协同发展的企业组织构架。

3.第三阶段:产业可持续发展时期(2018年以后)

在原有产业链基础上,进一步完善和提升原有产业链,不断提升产业链上下游协调发展水平,提高产业链内部协作配套能力。大力推动产业链向高端攀升,重点产业链高端环节占比提高到30%以上。全区高端装备制造业(机械手、深海勘探技术)实现销售收入比产业初创期翻一番,年均增长5%。

(四)发展重点

以传统海洋物流业为主,主要负责粮油、海洋石化的储存和运输。未来港口物流产业链将向前延伸,沿着技术、知识密集型方向发展,同时也将向后延伸,发展专业港口物流服务,如图6.6所示。

1.港口物流服务业

发展思路:港口物流服务业要借助自由贸易港区的相关优惠政策,实现物流中转中心—保税港区—自由贸易岛的跨层级转变。基于现有港口的优势,以船舶交易、航运金融保险、航运信息咨询三大产业为龙头,构建高端航运服务产业体系。

(1)服务体系建设

优化港口结构,继续推进深水专业化码头和规模化、集约化港区的建设。吸引优势港口企业跨区域投资,采用合作、合资、兼并、参股等方式,推动港口资源的整合。强化综合运输功能,进一步完善煤炭、

| 船舶管理、航运经济、航运咨询、船舶技术等航运服务；包税物流、基于交通枢纽和节点的多式联运、专业化统一配送和分销网络建设（包括电子商务建设） | 粮油储运中心海洋石化储运中心 | 石油、煤炭、天然气、重要矿产品物流设施、粮食、棉花、食糖、食用油、化肥等重要商品的现代化仓储、中转、装卸等物流设施建设。深水高精度地震勘探、复杂油气藏识别、深水钻完井技术，以及大型物探船等 |

▶产业链向前延伸

▶现有产业

▶产业链向后延伸

专业港口物流服务

高技术

技术、知识密集型方向

高附加

传统海洋物流业

港口物流服务业

1. 粮油储存和运输
2. 海洋石化储存和运输

产业链环节：

1. 以自由贸易港为依托，强化仓储、物流、服务与一体的建设；

2. 加强对在深海勘探技术上的研发

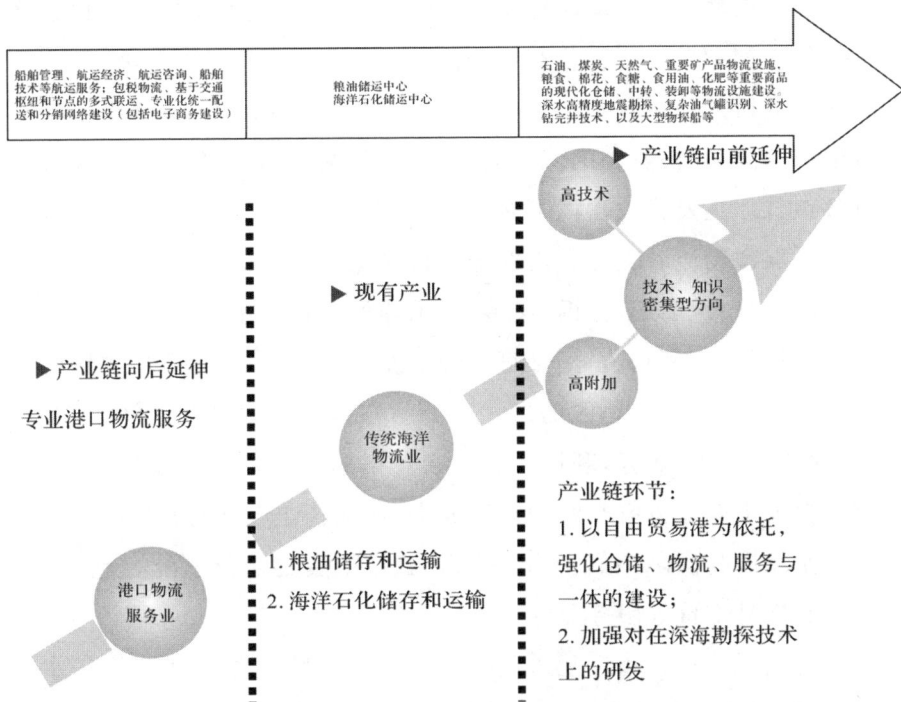

图 6.6　港口物流产业依据

原油、铁矿石、集装箱等重点物资专业化运输系统，鼓励商品汽车和海峡滚装运输。发展邮轮运输，提升水上旅游和客运服务功能。推动传统港口向物流型智慧港口发展，完善港口物流功能，推进物流公共信息平台和电子商务平台的建设，促进信息交流和资源共享。加强港口、航运企业之间的合作，不断提高港口物流综合集聚能力。增强仓储、加工、分装、配送、中转和金融、保险、信息等高端增值服务，提供全程化、多方位、综合性的优质服务。

（2）保税港区建设

发挥保税港区政策优势，充分发挥保税港区等政策优势，积极推动海关监管措施的逐步完善，拓展国际中转、配送、采购、转口贸易和出口加工等保税业务。积极推进航运信息咨询，推进现代航运业综合服务体系建设，抓紧按照新区规划，建设集政府部分、口岸涉外部门、金融保险机构、商务中介和港行经营企业、港行服务业于一体的定海港行咨询服务示范区。推动区港联动即将港口与保税区的"无缝对接",整合保税区的功能优势和港口的区位优势,将保税区的特殊政策覆盖到港区,实现保税区与港口的区域联动、功能联动、信息联动、营运联动,从而拓展和提升港口功能,加快货物的流入流出,简便相关手续,实现多种运输方式的有效组合。主要可以从以下四个方面着手:

一是保税物流。充分利用综合保税区保税政策优势,大力发展国际采购、仓储、分拨、配送、分拆、包装、展示等保税物流业务。

二是保税加工制造。配合舟山经济发展需要,扩大综合保税区政策惠及面,带动发展周边地区的加工贸易。在综合保税区初步建设期间,开展"保税一日游"业务,利用综合保税区的特殊功能和政策优势,为舟山市出口加工企业节省时间和运费成本,增强企业产品的竞争力。

三是发展与国际中转业务和国际航运配套的金融、保险、代理、理赔、检测、交易定价等服务业务。

四是国际采购、中转、配送业务。提高港口服务效率,大力开拓水水联运、路海联运业务。

(3)人才金融保障

依托定海港行资源优势和教育优势,加大人才引进力度,加强和国际知名港行咨询机构的交流合作,打造定海港行信息服务业发展的硬实力,提升其在国内外业界的影响力。加快发展航运金融保险,支持金融机构创新金融产品和服务。通过创建风险偿债基金、安排贴息等方式,支持航运企业通过"中小企业集合票据"等形式拓宽融资渠道。吸引更多的专业银行进驻定海,并促使各相关银行增加对现代航运服务企业的授信。积极探索开展船舶租赁业务,提升航运保险行业发展水平。大力引进国内大型的保险、担保、信托投资、风险投资等金融机构在定海设立分支机构。创新航运业险种,降低费率,提高理赔率,积极开展再保险业务。扩大航运保险税收优惠覆盖面,逐步向港口责任险、从业人员意外险、海上责任险等关联险种延伸。

产业发展重点是大力发展体现港航特色的贸易、海运、代理、货代、仓储等涉港商务业。引进和培育事务所、会展公司及中介机构等,增强商务服务功能。

对应产业：①石油、煤炭、天然气、重要矿产品物流设施，粮食、棉花、食糖、食用油、化肥等重要商品的现代化仓储、中转、装卸等物流设施建设。②保税物流、基于交通枢纽和节点的多式联运、专业化统一配送和分销网络建设（包括电子商务建设）。③船舶管理、航运经纪、航运咨询、船舶技术等航运服务。

2. 高端装备制造业

产业发展第一个重点是港口物流高端装备，港口物流高端装备是指在港口从事船舶和车辆的货物装卸，库场的货物堆码、拆垛和转运，以及船舱内、车厢内、仓库内货物搬运等作业的起重的、具有较高端技术含量的相关机械。港口装卸机械可分为起重机械、输送机械两种基本大类型。

(1)起重机械

起重机械主要是各种起重机，港口使用较多的有门座起重机、门座抓斗卸船机、桥式抓斗卸船机、龙门起重机和浮式起重机等。集装箱码头主要使用岸边集装箱起重机。

1)门座起重机：因有门形底座（门座）而得名，又称门吊、门机。这种起重机臂架长，起升高度大，各机构工作速度快，因而工作范围大，生产率高，且可配装不同的取物装置。

2)门座抓斗卸船机：由门座起重机派生出来的专用机械，又称带斗门机，多用于海港散货卸船作业。结构形式同门座起重机相似，但在门座上装有承接散货用的漏斗和胶带输送机系统，吊具为抓斗。抓斗自船舱抓取散货后，经起升、变幅，将散货卸入门座上的漏斗内，再由胶带输送机系统输送到堆场。

3)桥式抓斗卸船机：具有较高生产率的散货专用卸船机械。它与门座抓斗卸船机的区别在于它的水平移动抓斗是靠抓斗小车在起重机桥架轨道上行驶来实现的，而不靠臂架的俯仰来实现。

4)岸边集装箱起重机：为集装箱装卸船的专用起重机。布置于集装箱码头前沿，外形同桥式抓斗卸船机相似。岸边集装箱起重机有多种类型。中国目前采用的是前后两片门框和拉杆组成门架,门架沿码头前沿轨道行驶,桥架支承在门架上。

5)龙门起重机:水平主梁支承在两片刚性支腿上的桥架起重机。起重小车在主梁的轨道上行走。龙门起重机有轨道式和轮胎式两种,轨道式的沿地面轨道行走;轮胎式的移动灵活,主要用于堆场装卸、堆码集装箱。

6)浮式起重机:装在平底船或专用船上的臂架起重机,又称浮吊或起重船。因具有较大的起重量和机动性,同时不受水位变化的影响,所以在海港、河港的装卸作业中应用广泛。

(2)连续输送机械

连续输送机械是沿着一定的运输路线连续地运输货物的机械。一般适用同一类型的货物(件货或散货),但不适用于搬运单件重量很大的货物,可在任意平面,即水平面、倾斜面,直至垂直面上输送货物。输送机可分为有牵引构件的和无牵引构件的两类。有牵引构件的输送机利用带条、链条、绳索等带动承载构件输送货物,主要是带式输送机,还有链式输送机;无牵引构件的输送机则利用重力、惯性、摩擦、气流等输送货物,主要是气力输送机。大多数的连续输送机不能自行取货,需采用供料设备。

(3)机械手

重点发展与港口物流相关的搬运机械手,还有与水产品加工相关的上下料机械手。

(4)深海勘探设备

利用舟山军事基地的基础,与相关军事研究部门、浙江大学合作开发深海勘探产业中高、精、尖类产品,抢占产业制高点,形成深海勘探产业研发和制造基地。

对应产业:①起重机械主要包括集装箱起重机、门座起重机、门座抓斗卸船机、桥式抓斗卸船机、龙门起重机和浮式起重机。②输送机械指主要包括带式输送机、链式输送机、气力输送机。③多功能高新机械手。④装卸搬运机械主要有叉式装卸车、跨运车、翻车机、螺旋卸车机、牵引车及挂车等。⑤深水高精度地震勘探、复杂油气藏识别、深水钻完井技术,以及大型物探

船、钻井/生产平台、多功能浮式生产储油装置、天然气水合物开发技术
装备。

产业发展的第二个重点是国际船舶燃料供应业务。适度建设国际
炼油中心,通过招商引资的形式将 Shell、ExonMobil、BP 等世界石油公
司将定海作为石油提炼和仓储基地。充分利用舟山的国际航线要冲的
位置,通过迅速提升产业规模效应,降低船用成品油的价格,吸引往返欧
亚航线的船舶在定海加油,提升港口的人气和经济效益。

对应产业:①国内外大型物流企业。②搬运机械手、水产品加工、上
下料机械手等。③仓储信息化平台,包括港口控制中心、工班服务处理
中心、装卸安排中心。

第三节　海洋电子信息产业

2012 年,我国高新技术船舶国产设备的实际配套率仅 20% 左右,特
别是附加值很高的海洋(船舶)电子产品本土化率还不到 10%,这与我
国高端船舶造船工业的迅猛发展形成了非常大的反差。海洋电子信息
产业供求关系见表 6.11。

表 6.11　海洋电子信息产业供求关系

供给增长率	需求增长率	未来需求
10%	90%	每年 300 亿元人民币增长

一、产业分析

(一)产业重点概括

1. 发展思路

以海洋电子信息产业基地为平台,把海洋电子信息产业作为定海未

来战略选择产业之一,适时进行培育和扶持。积极培育与海洋船舶、海工、港口相关的电子信息产业,形成具有集聚创新优势的产品制造基地和研发基地。

2. 发展方向(见图 6.7)

(1)港口电子信息

依靠现代信息技术,建设港口相关公共信息服务平台,逐步实现从传统港向电子商务港的转变,全面提升港口物流的竞争力。

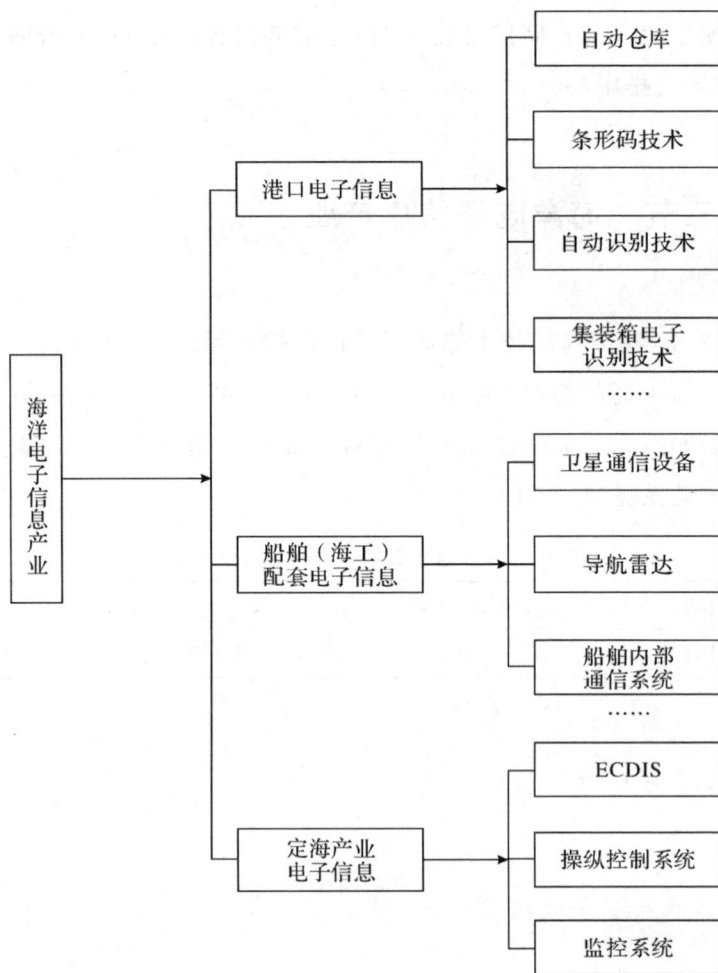

图 6.7　海洋电子信息产业发展方向

（2）船舶（海工）配套电子信息

依靠现代信息技术，大力推进航运业的运输智能化、电子信息化与高新技术化的进程，建立与完善覆盖全市的港航 EDI 系统，建设现代化港航信息系统，提升发展航运的信息和科技含量。

（3）定海产业电子信息

为定海船舶修造、港口物流等产业重点企业提供信息技术支持；围绕打造先进制造业基地，面向定海重点产业，大力发展纺织机、塑机螺杆机、船用设备等机械、机电产品及仪器仪表的嵌入式软件，积极发展基于网络的船舶嵌入式控制系统，扶持发展软件及信息服务外包。

（二）行业分析

1.产业现状

国外海洋电子信息产业已经形成相当规模的产业，如挪威的准备多波束探测系统的制造业已形成创汇产业，目前全世界已经有多艘船只装备了挪威这种先进的多波束测深系统。英国也积极开发海洋装备和材料工业，主要包括军用和民用的各种海上平台使用的工程机械、仪器仪表、机电产品、建材、涂料及相关的服务等生产和供应，涉及众多部门和行业。此外，在海洋电子信息仪器中，荷兰的波浪骑士、挪威的安德拉海流计、芬兰的为塞拉自动气象站、美国的 RDI 的声学海流剖面仪（ADCP）等在国际市场上有很高的占有率，它们都是技术、生产、商贸为一体的小公司产品。

2.我国海洋电子信息产业现状

我国海洋电子信息装备的研制工作始于 20 世纪 50 年代，这一时期所研制的仪器设备是纯机械式的。1958 年开始的全国海洋普查工作，促进了中国海洋电子信息装备研制工作的开展，是中国海洋电子信息装备研究发展历史上一个转折点。此后，中国海洋电子信息装备在几十年的发展中经历了三个主要发展阶段：

1）60 年代中期开展了第一次全国海洋仪器会战。会战中，研制出 46 项产品样机,结束了中国海洋仪器纯机械式的局面。

2)70 年代初期开展了第二次全国海洋电子信息装备会战。这次会战推动了电子化、自动化温、盐、深综合测量仪器的发展,同时,为声学测流技术的研究打下了良好的基础并培养了人才。

3)80 年代中期中国开始了海洋环境自动监测网站的建设工作,这一工作促进了海洋电子信息装备产的研究发展。这一时期,中国的海洋资料浮标系统得到了发展并初步形成浮标监测网,研制成功了海洋台站自动监测系统和调查船信息自动采集系统。

几十年来,我国海洋电子信息技术取得了较大进步,但总的来说,目前仍然落后于先进海洋国家,先进的海洋电子产品和系统依然需要进口。

3. 全球创新资源地图

在海洋电子信息技术产业中,美国、挪威、英国、加拿大等国的产品在国际市场上有很高的占有率,国产海洋电子信息技术产业总体表现技术水平较低、可靠性和稳定性较差、用途单一。有些仪器设备目前依旧停留在样机或者小批量生产阶段,没有形成产业化。高端电子信息设备市场几乎全部被进口产品所占领。各区域重点机构、主要技术和产品详见表 6.12。

表 6.12　各创新高地的重点企业与主要产品

创新高地	所在国家或地区	重点机械	主要技术与产品
俄亥俄州	美国	美国 YSI 集团	YSI 水质分析仪、YSI 多参数水质监测系统、SonTek/YSI 声学多普勒流速流量测量系统、YSI 集成系统
圣地亚哥	美国	美国亚迪公司	CTD 传感器、海流计、海洋调查仪器
拉夫兰	美国	美国哈希公司	实验室分析仪、便携式分析仪、在线分析仪、水质自动采样器、流量计
贝尔维尤	美国	美国红杉树科学仪器公司	水质分析仪、激光粒度仪、泥沙传感器、沉降速度传感器
罗德岛	美国	美国 SyQwest 公司	专业测深仪、水声设备

续表

创新高地	所在国家或地区	重点机械	主要技术与产品
卑尔根	挪威	挪威安德拉仪器公司	水位计、波潮仪、海流计、自动天气站
洛里昂	法国	法国 Martec 公司	Prover 系列海洋数据采集浮标
不来梅	德国	德国 ATLAS 集团	ATLASDESO 单波束勘测回声探测仪、ATLASFANSWEEP 浅水多波束回声探测仪、ATLASHYDROSWEEP 中等深度海域和深海多波束回声探测仪、ATLASPARASOUND 深海底质剖面仪
基辅	乌克兰	巴顿焊接研究所	先进的材料焊接和连接工艺,表面堆焊和涂层的保护,焊接结构、强度和疲劳寿命,特殊电冶金技术,新结构和用途的材料

(三)市场分析

1. 我国海洋电子信息产业规模不断扩大,但水平相对较低

进入 21 世纪以来,中国海洋电子信息产业得到了高速发展,2005—2010 年海洋电子信息产业工业总产值年均增长 26.9% 以上,大约是同期 GDP 年均增长速度的 2.5 倍,增长速度居各产业部门的前列,特别是国家提出战略性新兴产业发展计划之后,新一代的电子信息产业得到了长足的发展。但是,目前我国海洋电子信息产业整体发展水平与发达国家相比还有较大差距,总体上处于全球产业链的中低端,优势主要集中在海洋通信及电子元器件的加工组装及配套环节,加工方式主要是贴牌生产(OEM),通过直接引进国外先进技术、关键电子设备和现代化生产线进行生产,而且多为低端产品,技术含量不高,在关键元器件、基础软件、集成电路和高性能服务器、路由器方面主要依赖进口,产品附加值低,行业整体效益不高,如图 6.8 所示。

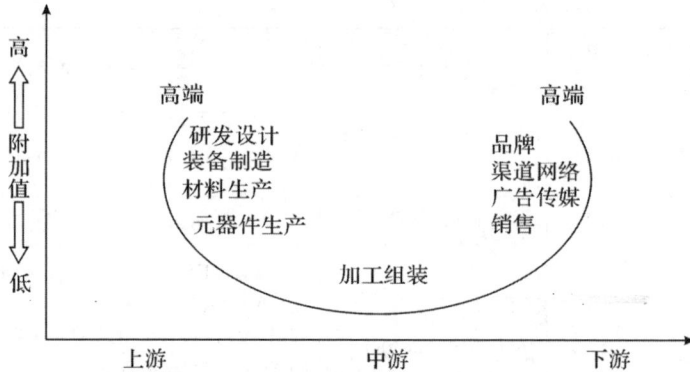

图 6.8　海洋电子信息产业的"微笑曲线"

2. 产品出口迅猛扩张,外向型经济特征明显

进入 21 世纪以来,我国海洋电子信息产业出口迅猛扩张,规模不断扩大,2010 年实现出口 5218 亿美元,年均增长 34.9%。与此同时,电子产品出口占我国出口总额的比重也不断提高,由 2002 年的 28% 增长到 2010 年的 36.5%,但是目前所出口的产品技术含量相对较低,且出口产品多为国外知名大企业进行贴牌的零配件。

3. 产业集中度进一步提高,区域聚集效应日益显现

从区域布局来看,东部沿海地区仍是海洋电子信息产业发展的主要区域,规模排名前八位的省市都在东部沿海地区。特别是长江三角洲、珠江三角洲和环渤海三大区域,其劳动力、销售收入、工业增加值和利润占全行业比重均达 80% 以上。此外,以西安、成都、武汉、长沙、重庆等为重点城市的中西部地区,也依托本地资源形成了具有一定优势的海洋电子信息产业群。

4. 我国船舶电子与导航设备的研发、生产和本土化契机到来

随着中国经济的高速发展,中国船舶电子及导航设备产业正在面临着一次千载难逢的发展机遇。但是,作为附加值很高的船舶电子及导航设备仍然依赖进口,目前我国船舶电子及导航设备本土化率不到 10%,这无疑是中国造船产业的短板,中国船舶电子及导航设备产业化已迫在眉睫。自 1996 年以来,中国造船工业连续 8 年名列世界第

三。2003 年全国造船完工量超过 600 万载重吨,首次突破世界份额的 10％;2004 年造船完工量将占世界份额的 15％;2005 年造船完工量将达到世界份额的 18％。但是,目前我国常规船舶国产设备的实际配套率只有 30％左右,高新技术船舶国产设备的实际配套率仅 20％左右,特别是船舶电子及导航设备类更为突出,本土化率还不到 10％。而日本、韩国的船舶配套产品国产化率高达 90％以上。因此,专家警告说,如果我国船舶配套产业得不到大的发展,中国船舶制造工业将沦为"船壳工业"。最近,全国船舶工业行业管理部门提出了加快我国船舶配套工业发展的思路和建议,提出了船舶配套工业发展的总体思路和目标,为加速我国船舶电子及导航设备的研发、生产和本土化提供了良好的契机。船舶电子及导航产业化不仅能加快国防的现代化建设,而且将推动造船工业的快速发展,还能带来很可观的经济效益。

5. 船舶配套设备落后是我国目前造船工业发展的瓶颈

与造船业正在建设世界第一造船大国的快车道上飞奔相比较,作为造船业重要支撑的我国船舶设备配套业一直在走下坡路,国产船用设备的实际装船率持续下降,我国船舶配套对进口的依赖程度越来越大。例如,柴油发电机组、机舱自动化及遥感、通信导航和吊车锅炉等方面设备基本依赖进口,新船重工建造的 30 万吨 VLCC,国产设备仅占 11.7％。技术含量越高的船舶国产设备的装船率越低。据统计,我国船用产品的装船率不到 30％,而日本是 98％,韩国是 90％。船舶配套产品的落后,不仅使国内船厂在参与国际竞争和承接出口船订单时受制于人,同时大大降低了造船业的附加值水平。例如,一艘船其配套设备产值占整艘船产值的 65％,其主要利润由配套设备进口流了出去。表面上看,中国造船位居第三,可从利润上看,中国则是处于倒数的位置。专家指出,中国船舶配套业,其中包括船舶电子及导航设备的配套,而且技术含量较高的配套发展不上去,劳动力价格优势将会逐渐被抵消,国际竞争力也会减弱。

6.我国船舶电子及导航设备的发展现状和市场机遇

船舶电子及导航配套设备的制造是我国船舶配套工业中最薄弱的环节之一。我国船舶电子及导航设备自主研制的项目仅有磁罗经、陀螺罗经、计程仪、测深仪等,不到整船电子及导航设备的1/3,且国产设备均存在没有核心技术、没有品牌、没有网络,设备单一、不成系统、技术老化、工艺落后、没有维修网点等突出问题,仅能在部分国内船舶上使用。海外少数发达国家的电子及导航生产厂商出于垄断考虑,在雷达、GMDSS设备、罗经、自动舵等方面不愿意签署专利协议,使电子及导航设备的生产引进专利协议谈判具有一定的难度。目前中国的造船市场为船舶电子及导航设备提供将近每年10亿人民币的市场份额,修船市场提供超过每年10亿人民币的市场机遇,但90%均被进口产品垄断。每年全球船舶电子及导航设备需求超过250亿人民币。我们有充分的理由关注这一市场,这也正是我国船舶电子及导航设备的发展机遇。

二、定海电子信息产业发展路径研究

(一)指导思想

以发展循环经济、构建和谐社会为指引,以全面提升产业竞争力为重点,以强化技术创新为抓手,以国家战略新兴产业发展为载体,不断优化发展环境,合理布局,集聚优势,深化服务,以大开放促进大发展,提升自主创新能力,引导产业集聚,延伸和完善产业链,推进产业升级,不断增强定海区海洋电子信息产业的综合竞争力和可持续发展能力。

(二)发展历史

以海洋电子信息产业基地为平台,把海洋电子信息产业作为定海未来战略选择产业之一,适时进行培育和扶持。积极培育能支持海洋电子信息产业升级和持续增长的高附加值产品,形成具有集聚创新优势的产品制造基地和研发基地,力争到 2023 年使定海区海洋电子信息产业结构和产品结构调整取得重大进展。

1. 第一阶段:产业初步形成阶段(2013—2015 年)

2015 年,定海区海洋电子信息产业已经形成一定的核心竞争力,初步形成以海洋电子信息产品制造为基础,开放引进与自主创新有机结合,产业链条不断完善的海洋电子信息产业发展体系,积极落实相关产业园区规划,初步确定相关引进企业,初步实现主营业务收入稳定增长。进一步建立完善的以企业为主体,产、学、研有机结合的技术创新体系和机制,建立专业特色突出的海洋电子信息产业公共技术服务平台,积极培育中小电子信息企业发展,突出外源驱动,重点引进一批产业带动性较强的电子信息企业集团和重大产业项目。

2. 第二阶段:产业发展阶段(2016—2017 年)

企业自主创新能力和技术水平显著提高,优势产业领域和重点主导产品技术水平保持国内先进,在整机、关键元器件、集成电路、软件等产业链缺失和关键环节取得重大突破,海洋电子信息产业链相对完善。区域布局进一步优化,产业配套体系进一步完善。全面构筑分布合理、区域特色鲜明、集聚效应突出的产业空间发展格局。

3. 第三阶段:产业提升阶段(2018 年以后)

预计到 2023 年,建成定海区技术创新服务中心、IT 产业技术研发中心和进出口机械电子产品安全检测中心,依托浙江大学海洋学院和浙江海洋大学两所高等院校优势,建立海洋电子信息专业省级重点实验室,拥有经省级(含省级)以上有关机构批准或认定的企业技术中心和工程(技术)研究中心 20 家,并进一步优化产业园区内企业结构,引进10 家外资企业产品研发中心,初步具备为舟山域内企业提供共性技术服务、关键技术研究开发支持和软硬件测试验证环境的能力。

(三)发展重点

1. 港口电子信息

依靠现代信息技术,建设港口物流信息系统、陆路运输信息系统、物流资源交易系统和面向中小企业的公共信息服务平台,构筑大宗散货交易平台、海陆联动集疏运网络、金融和信息支撑系统"三位一体"的服务体系;大力建设建立覆盖港区、园区生产流通和仓储中转物流企业的信息网络平台;大力发展电子商务,引导和支持各种先进的技术在港口物流领域广泛应用,建立高速"电子商务供应链",逐步实现从传统港向电子商务港的转变,全面提升港口物流的竞争力。

2. 船舶(海工)配套电子信息

依靠现代信息技术,大力推进航运业运输智能化、电子信息化与高新技术化的进程,打造全球物流综合运输网络,建立高效的运输系统,促使航运业实现航线布局的网络化、船舶调控的准确化,以及航运资源配置的合理化;以现代综合物流技术为核心,加紧建立与完善覆盖全市的港航 EDI 系统,建设现代化港航信息系统,努力提升发展航运的信息和科技含量,适应航运业快速发展的需要。

3. 特色电子信息

大力开发为定海工业、港口、旅游、渔业、交通等行业信息化提供服务的软件产品,为定海船舶修造、港口物流等重点产业的企业提供信息技术支持;围绕打造先进制造业基地,充分利用定海嵌入式软件的产业基础,面向定海重点产业,大力发展纺织机、塑机螺杆机、船用设备等机械、机电产品及仪器仪表的嵌入式软件,增加产品附加值;积极发展基于网络的船舶嵌入式控制系统,扶持发展软件及信息服务外包;依托技术创新积极培育产品设计、工业设计等创意产业;在传统海洋旅游的基础上,结合海岛科技示范系统,以科技手段改造提升传统旅游景观设施,开发建设具有科技含量的新的旅游资源,丰富旅游产品,提升旅游文化内涵(见图 6.9)。

| 中高频组合电台、卫星通信设备、导航雷达、GPS、气象传真接收机、船舶内部通信系统等。VDR、EFIRB、电罗经、磁罗经、多普勒计程仪、回声测深仪、自动雷达标绘仪、无线电测向仪，以及操纵控制系统和监控系统等 | 传统电子元件生产、组装 | 条形码技术、自动分拣技术、卫星定位技术、自动仓库、集装箱电子识别技术、物流仿真技术、辅助决策技术、中高频组合电台、卫星通信设备、导航雷达等 |

产业链向前延伸

高技术

技术、知识密集型方向

◀产业链向后延伸

现有产业

高附加

产业链环节：
1. 船舶配套电子信息
2. 海工配套电子信息

电子信息产业

产业链环节：
港口就物流配套电子信息

船舶电子
海工电子

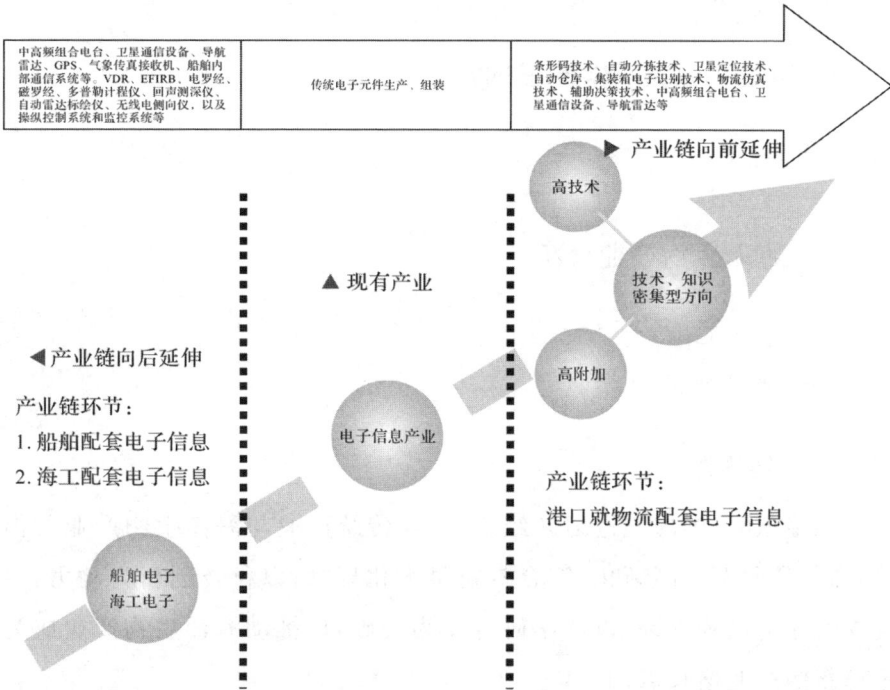

图 6.9　海洋电子信息产业依据

对应产业：①条形码技术、自动识别技术、自动分拣技术、卫星定位技术、自动仓库、集装箱电子识别技术、物流仿真技术、辅助决策技术。②中高频组合电台、卫星通信设备、导航雷达、GPS（全球定位系统）、SART（雷达应答器）、气象传真接收机，船舶内部通信系统等。③VDR（船载航行数据记录仪）、EPIRB（应急无线示位标）、电罗经、磁罗经、多普勒计程仪、回声测深仪、自动雷达标绘仪、无线电测向仪，以及操纵控制系统和监控系统等。④电子海图显示与信息系统（ECDIS）、AIS（船舶自动识别系统）、全球海上遇险和安全系统、SSAS（船舶保安报警系统）等。

第四节　海洋生物产业

一、海洋生物产业分析

（一）产业重点概括

1. 发展思路

借鉴国际、国内先进地区经验；加强传统产业与海洋生物产业的衔接，强化产业发展高新化、综合效益最大化理念；以科技创新为动力，以优秀人才引进为关键，以产学研合作为突破口，推动海洋生物产业成为定海新的产业增长点。

2. 发展方向（见图 6. 10）

（1）水产品深加工方向

做精做强水产品加工业，通过提高科技含量，积极开发引进新产品，进一步提高海水产品精深加工比例，积极利用高新技术推动水产品加工向"精、专、深"方向发展，促进海水产品资源的综合利用，延伸产业链，努力把舟山建设成为全国领先的海水产品精深加工基地。

（2）远洋渔业方向

以海洋渔业技术装备和海洋生物科技研发能力的提升为支撑，逐步建立产供销一体、内外贸贯通的现代化、国家级远洋渔业基地；加强与国内外知名海洋科研机构合作，开展重点海域的资源深捕、捕捞新技术研究，进行高性能远洋渔船及其捕捞装备、节能降耗技术的自主设计与制造关键技术研究；进行南极磷虾主要渔场资源评估、捕捞、储藏、加工装备关键技术研究，提高远洋渔获物的附加值。

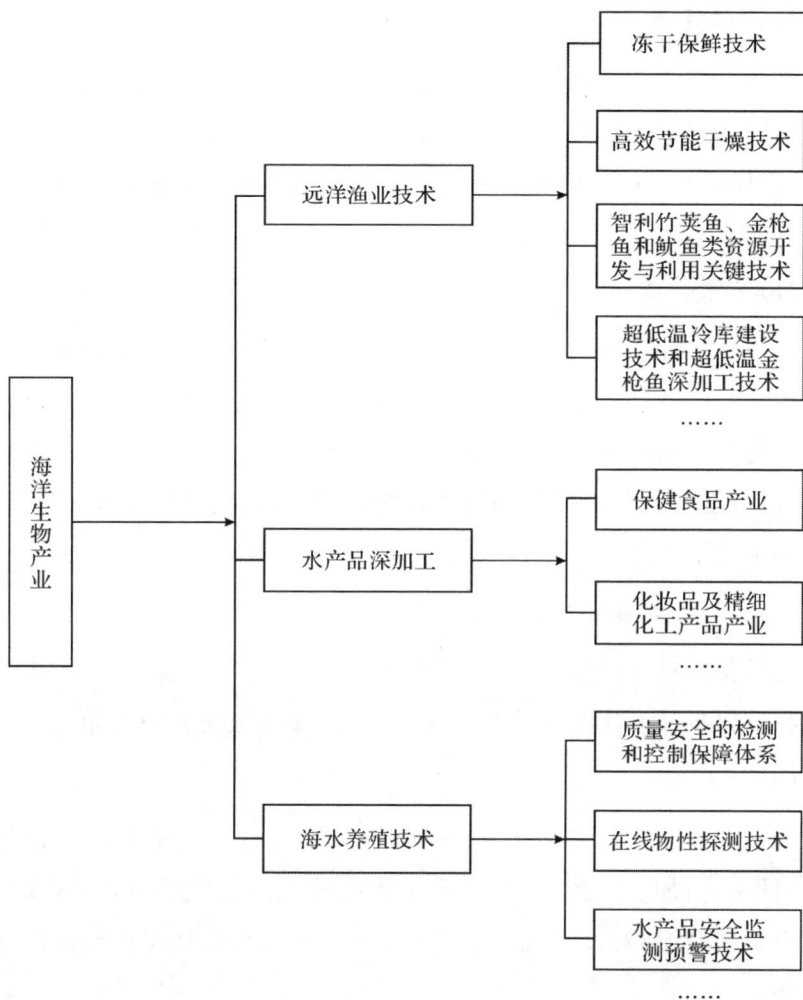

图 6.10　海洋生物产业发展方向

（3）海水养殖方向

依靠科技创新加快先进养殖模式的研究与应用，开展复合养殖系统开发及海洋牧场建设技术集成与示范研究，开展海水养殖良种创制关键技术及新品种（系）选育，开展渔场海洋生物资源及其生态保护、利用研究；积极引进捕捞、养殖新技术、新工艺、新产品，以及海洋捕捞副渔获物增值综合利用关键技术研究；开展海藻场生态保护功能开发及其增值维护关键技术研究。

3. 发展重点

海洋生物产业是以海洋的生物资源为对象,运用生物工程、酶工程、细胞工程和发酵工程等现代生物技术手段,开发生产海洋药物、海洋食品、海洋保健品、海洋化妆品和海洋生物功能材料等海洋生物产品的产业。

(1)保健食品业

小球藻、螺旋藻已被列为最好的植物蛋白源之一,由于微藻的养殖较少依赖气候条件,不与传统农业争夺土地,所以成为解决人类饥饿和营养不良等迫切问题的有效途径;它们被投入保健食品市场,成为新型的保健品;也作为营养强化剂添加到面包、挂面、麦片粥、速溶饮料、饼干等食品中。

(2)化妆品及精细化工产品业

自微藻中可提取胡萝卜素、叶绿素、叶黄素、藻蓝素等物质,小球藻提取物的化妆品有激活细胞的作用,提取胡萝卜素可制成防晒霜。

(3)动物饲料业

许多实验表明添加微藻的饲料提高了鸡、猪、牛、羊等动物的生存率、产仔率,增加了动物产量,提升了鱼肉外观的色泽。所以,开发海洋天然有机物资源,对发展现代农业是光明的前景,也是海洋经济产业的重要补充。

(4)海洋药物业

世界上海洋药物的研究始于 20 世纪 50 年代末 60 年代初。美国是最早开展海洋生物活性物质研究的国家,并于 1967 年提出"向海洋要药物"的口号。随后各国学者相继开展了海洋生物抗肿瘤、抗病毒、抗真菌、抗心脑血管病、抗艾滋病等活性成分的研究。在过去的几十年间,6000 多种海洋天然产物被发现,其中有重要生物活性并已申请专利的新化合物有 200 多种。

（二）行业分析

1. 海洋生物（远洋渔业、水产品深加工等）

（1）国外主要远洋渔业国家发展状况

1）日本

目前，日本远洋渔业主要由狭鳕渔业、底层鱼渔业、金枪鱼渔业、鱿钓渔业、南极磷虾渔业以及南极捕鲸业等组成。其远洋渔业产量于1988年达到历史最高，为163万吨，约占当年总渔获量的14.5%，之后逐年递减。据统计，2005年远洋拖网渔业产量为7.2万吨，中大型围网渔业产量为18.7万吨，远洋延绳钓渔业产量13.5万吨，远洋竿钓渔业为9.1万吨，远洋鱿鱼钓渔业5.3万吨，累计年产量54.4万吨。主要捕捞对象为金枪鱼、鱿鱼和南极磷虾等。

2007—2011年其各鱼种的平均产量分别为：长鳍金枪鱼在北太平洋海域为5.5万～9.2万吨；黄鳍金枪鱼在太平洋东部海域为0.7万～1.5万吨，在中西太平洋海域为4.2万～6.8万吨，在印度洋海域为1.7万～2.4万吨；大眼金枪鱼在东部太平洋为1.8万～3.8万吨，在中西太平洋海域为3.2万～3.6万吨，在印度洋海域为1.1万～1.5万吨，在大西洋海域为1.5万～2.5万吨；鲣鱼产量主要分布在中西太平洋海域，达到28万～33万吨。北太平洋柔鱼产量在1.5万～5.5万吨；西南大西洋海域阿根廷滑柔鱼产量在1万～11万吨；秘鲁海域茎柔鱼产量在1万～13万吨；南极磷虾年产量为3万～8万吨。

日本是一个传统消费水产品的国家，进口水产品占全球的1/3以上，因此，日本的国家发展战略将保证水产品稳定供应列为发展重点。其十分重视渔业科学研究和教育，在全国各地设立各级水产学校和水产研究所，建立完善的研究教育体系；政府将渔业资源调查和环境监测作为政府和国家研究机构的例行公事，各水产学校和研究所都配有渔业调查实习研究船，经费列入政府预算，有计划地利用全球海洋生物资源，对全球所有水域开展渔业资源调查，为日本发展远洋渔业提供科学依据；

同时积极开展渔业外交,以先进的渔业科学技术为依托,开展合作和入渔,并积极参与国际渔业科学研究,在国际渔业管理中处于主动地位,确保了日本渔业的长期利益。

2)欧盟

欧盟利用其先进和庞大的工业系统,在 20 世纪 50 年代,率先建立大型拖网加工船队,开创划时代的现代渔业,实现瞄准捕捞,又称仪器捕捞。研究发展液压机械、平板冷冻设备、鱼片加工机械、超声波探鱼仪器、远程导航仪器、捕捞航海模拟训练装备等,使捕捞加工和物流等高度综合集成,远洋渔业船队成为欧盟水产品供应的基本保证。冰岛、挪威等国使用新型中层拖网、自动扩张底拖网,具有阻力小、拖速快的特点,既节约燃料,又提高了渔获量。挪威研制多波束声呐,可用于探寻深海鱼群。荷兰 DSM 公司研制的 Dyneema 超强聚乙烯纤维,应用于远洋大型拖网、围网和延绳钓渔具的制作,大幅提高了捕捞效率,减少了生产能耗,达到高效、节能、生态型目标。20 世纪 90 年代,欧盟各国先后开发出各种类型的选择性捕捞装置,如拖网效能装置 TED、渔获物分离装置 CSD、副渔获物减少装置 BRD、渔获物大小选择装置及选择性捕虾装置等。这些装置在选择性捕捞作业上起到了积极的作用。

欧盟为了提高和保证在他国专属经济区内或公海海域渔业资源的利用份额,纷纷投入巨资提高技术优势,建造设备先进的渔船,配备高科技仪器和性能优良的渔具。尤其是渔船趋向大型化、机械化、自动化。荷兰最近建造的在西非沿海作业的渔船,船长 140.8 米,宽 18.6 米,配置大容积冷冻船舱;挪威制造的"大西洋黎明号"是目前世界上最大的拖网加工船,号称大西洋巨无霸。

3)韩国

韩国远洋渔业发展经历了 20 世纪 60 年代的萌芽期、70 年代的成长期、80 年代的重整期。进入 90 年代后,韩国远洋渔业在外环境方面遭遇作业渔场减少、入渔日趋严苛及入渔费高涨等问题。对内则出现船员缺乏、工资暴涨、经营成本大幅增加、鱼价下跌等困难,因此在内外不利因素的相互作用下,远洋渔业经营困难重重。

　　韩国远洋渔业主要作业方式有金枪鱼延绳钓渔业、金枪鱼围网渔业、鱿鱼钓渔业、秋刀鱼渔业、北太平洋拖网渔业,以及其他作业方式的渔业。据统计,2005 年从事远洋渔业的渔船达到 522 艘,其中金枪鱼延绳钓渔船 177 艘、金枪鱼围网渔船 28 艘、鱿鱼钓渔船 31 艘、秋刀鱼渔船 1 艘和北太平洋拖网渔船 7 艘,其捕捞产量分别为 4.66 万吨、21.08 万吨、2.81 万吨、4.05 万吨和 2.67 万吨。累计总产量达到 55.20 万吨。[①]

　　韩国在 18 个国家和地区设有 21 个渔业基地,其中太平洋 9 个、大西洋 8 个、印度洋 4 个,作业渔船太平洋 242 艘,大西洋 139 艘,印度洋 29 艘。与 13 个沿海国签订了渔业合作协议,通过建立合资企业和付费方式获得捕捞许可证。

　　面对现状,韩国决定大力发展远洋渔业,并作为一项海洋产业进行重点发展。韩国政府在 2013 年年底前投资 2655 亿韩元(约合 2.76 亿美元),用于远洋捕捞、海洋养殖、海产品加工和销售,执行为期 10 年的振兴远洋渔业的中长期计划,加强了韩国远洋渔业的竞争力。具体包括:向远洋渔业企业提供低息融资;提供预算资金,帮助远洋渔业企业更新老旧船只;提供 624 亿韩元、327 亿韩元、82 亿韩元和 20 亿韩元预算资金,分别用于调整远洋渔业结构、远洋渔业渔场资源调查、国际渔业合作和建立渔场环境信息管理系统。韩国将在全球各地建立地区或行业管理机构,负责对远洋捕捞所获的海产品进行统一销售管理。为了确保远洋渔业发展,韩国政府还在 2013 年年底前与世界 16 个国家和地区联合开展渔业资源调查,在公海水域每年选定两处以上渔场进行资源调查及试验作业。

　　(2)我国远洋渔业发展状况

　　我国远洋渔业自 1985 年起步,到 2015 年从事远洋渔业的企业已有 130 多家,作业区分布在三大洋的 40 个国家和地区海域,各类远洋渔业作业船只 2500 余艘,其中鱿钓渔业渔船约 700 艘,金枪鱼钓渔船近

---

① http://www.charhar.org.cn

600艘,拖网渔船近1000艘,围网等其他渔船200多艘。从业人员5万多人,捕捞产量210多万吨,年产值近200亿元,远洋渔业已经成为我国海洋渔业的重要组成部分。

在过洋性渔业中,以拖网渔船为主,还有少量流刺网和定置网渔船。其中拖网渔船770艘,流刺网渔船26艘,定置网渔船34艘,基本上由国内近海拖网船改装而成,船龄多在15年以上,设备陈旧。

我国远洋渔业已实现"走出去"战略的第一阶段,即以资源和国内市场换取先进的技术、资金和国际市场;同时开始了以资本输出为特征的第二阶段的探索。基本实现利用"两个资源和两个市场"的目标。

2. 海洋生物(功能性生物食品、保健品、高端海洋生物培植等)

随着消费能力不断增强,消费结构正经历着由低级向高级的演变,以档次来划分,中高档功能性生物食品、保健品等的销售额连年增长,消费结构逐步向高级化迈进。一方面,消费者心理的满足感在高端产品领域显得越发重要,功能性生物食品、保健品等能否满足消费者心理需求,直接影响消费决策且影响趋势有增无减;另一方面,日益增多的功能性生物食品、保健品产品开始采用多品种小批量的生产方式,塑造差异化产品形成市场区隔效应,这成为海洋食品市场成熟的表现之一。因此,功能性生物食品、保健品未来将面临六大趋势。

(1)低碳环保消费

据调查,75%的中国消费者愿意享受环保的生活方式,更有81%的消费者表示即使价格贵一点,也更倾向于购买环保节能型海洋食品、产品。

(2)品质消费

中国是水产大国却不是水产品牌强国,当前随着消费升级,消费者越发凸显对品质的追求。品牌意味着消费者的认同和信任感,国际品牌之所以能被中国消费者认同,就在于其对细节的追求、对品质的保证。

（3）健康消费

海洋食品一直以来都以健康营养的形象出现在消费者面前,海洋食品独一无二的营养价值和无与伦比的口味,将会成为未来消费者拥护的健康食品之一。在倡导绿色健康的消费环境下,海洋食品必将以其独特的魅力,征服了不少消费者挑剔的味蕾。

（4）网络消费

网络消费的发展日渐成熟,并有不断发展壮大的趋势。2010 中国互联网调查数据显示,2010 年中国互联网消费总规模突破 7000 万亿元。除常规网络接入费用外,网络购物成为网络消费的主要支出项。在海洋食品产业发展壮大的背后,有理由相信,未来的海洋食品将会在网络消费中掀起一股新的消费潮流。

（5）体验式消费

体验式消费是针对海洋食品终端而言的。海洋食品企业通过终端向消费者直接展示自己的产品,体验式消费的重要性不言而喻。

（6）旅游消费

随着国民收入的增长,消费者对旅游的热衷度持续走高,据统计 2016 年国内旅游总收入 3.9 万亿元,同比增长 14%。将旅游市场的需求和海洋食品产业结构调整有机结合起来,着力打造海洋休闲食品旅游便携式新产品成为海洋食品市场新秀。

（三）市场分析

1. 政策利好释放产业发展潜力

政策一直是生物产业发展的重要推手。国务院于 2009 年 6 月颁布《促进生物产业加快发展的若干政策》、2010 年 10 月颁布《关于加快培育和发展战略性新兴产业的决定》,都将海洋生物相关产业列为重点扶持的高新技术产业和战略性新兴产业,而浙江省也将海洋生物开发列入《浙江省战略性新兴产业指导目录》中。目前,中央和地方两级财政近两年在海洋生物领域的研发投入总额超过 300 亿元。

2. 海洋资源丰富,空间较大

尽管世界上大部分传统捕捞品种已经充分或过度捕捞,但还有 40% 的鱼类资源尚未开发利用,有的品种还有很大的潜力。据专家预测,南极磷虾资源蕴藏量 6.5 亿～10 亿吨,是地球上资源蕴藏量最大的海洋渔业品种,目前开发量只有 10 万吨,开发潜力巨大。头足类、上层鱼类等品种也有很大的利用潜力,头足类资源储量为 5000 万～1 亿吨,目前年捕捞量 360 万吨,国际渔业组织尚未对头足类捕捞实行限制措施。鲣鱼和竹荚鱼等上层鱼类也都处在国际组织认定的适度捕捞范围,仍有发展空间,这为我国海洋生物产业的发展提供了重要保障。

3. 外部环境趋于有利

目前全球从事大洋捕捞的国家主要为美国、日本、挪威、西班牙、韩国等。随着劳动力成本的上升,大洋性捕捞从发达国家向发展中国家转移成为必然趋势。发达国家大型拖网船队人工成本约占生产成本的 35%～40%,金枪鱼围网船队人工成本约占总成本的 30%,而生产成本在发展中国家所占比例普遍不到 20%;虽然国外部分公司实施船员替代制度,但总体成本水平仍高于发展中国家。同时,大洋性渔业具有较高的资本、技术门槛,限制了多数发展中国家的进入。相比较而言,我国远洋企业在资金、技术、人员实力等方面均有条件承接产业转移。同时,我国与亚洲、非洲、拉丁美洲等很多国家具有传统的友好关系,可以通过对外投资获得捕捞许可证,发展过洋性渔业依然存在一定空间。

4. 定海发展海洋生物具有基础优势

经过近多年的发展,定海形成了大规模的渔业企业群体。这些渔业企业具有一定长远发展的战略眼光,发展方向开始向远洋渔业方向转变。同时,经过近几年的发展,舟山市在金枪鱼、鱿鱼、竹荚鱼等捕捞方面积累了一定的经验,浙江海洋大学也培养了一批渔业专业人才,为加快发展创造了有利条件。

二、定海海洋生物产业发展路径研究

（一）指导思想

遵循科学规律、借鉴国际、国内先进地区经验；加强传统产业与海洋生物产业的衔接，强化产业发展高新化、综合效益最大化理念；以科技创新为动力，以优秀人才引进为关键，以产学研合作为突破口，推动海洋生物产业成为定海新的产业增长点。

（二）发展历史

海洋充分把握利用区域发展机遇，注重发挥自身优势和特色，近期到 2020 年，加快基础设施建设，加大招商引资力度，推进企业落户和项目产出。中远期，把园区建设成为产业规模相对集聚，产业链配套基本完善，生态环境和谐良好的特色工业园区，打造具有较强综合竞争力、可持续发展能力和一定知名度的浙江省生态工业建设、循环经济实践的示范园区，成为定海区以至舟山市的临港工业重点集聚区。

为了实现以上总体目标，特制定"三步走"战略，即技术积累和突破阶段、产业迅速崛起阶段、产业可持续发展阶段。

1. 第一阶段：技术积累阶段（2016—2018 年）

2016—2018 年是定海海洋生物产业和技术发展的关键时期，是机遇期，更是挑战期。通过引进龙头企业为抓手，带动全区远洋渔业、水产深加工的创新能力。

1）稳固现有作业渔场。在过洋性渔业方面，推进北太平洋、中西太平洋、东南太平洋、西南大西洋项目的实施。

2）依托西码头现有产业优势，逐步深化产业引导能力，引进水产深加工龙头企业。

3）多元化海洋生物方向发展。在人工养殖发展基础上，发展保健食品产业、化妆品及精细化工产品产业（微藻、小球藻类产品）等生物食品、生物用品方向。

4)建设国内一流的研究与开发平台,加速定海海洋生物的研制进度。借助浙江海洋大学及浙江大学海洋学院的已有平台优势,进行重点引进和重点改造,逐步建立起一批国内一流的研发平台,打破海洋生物研发的技术瓶颈。

2. 第二阶段:产业崛起阶段(2018—2020 年)

2018—2020 年为产业崛起阶段。力争使定海海洋生物产业创新能力接近国内一流水平,加快大洋性渔业发展速度,坚持整体推进与重点突破、政府推动与市场运作、态度积极与步调稳妥相结合,加快远洋渔业专业化、集约化、规模化、现代化发展,全面提高远洋渔业综合竞争力,提升远洋渔业质量效益。在水产深加工方面自主创新的程度和保障明显提高,自主创新产品在市场的数量逐步增多,并保持发展趋势。

3. 第三阶段:产业可持续发展阶段(2020 年以后)

2020 年以后为产业可持续发展阶段。海洋生物创新能力进入国际先进行列,初步确定海洋生物为定海的支柱性产业。

到 2020 年之后,力争建成水产深加工、远洋渔业 2 个省级研发中心,充分发挥浙江大学海洋学院、浙江海洋大学,以及其他相关科研平台在海工人才教育、培训方面的积极作用,加快引进海工高层管理、高端研发人才,加快培养一批高素质员工,不断寻找定海海洋生物产业新的经济增长点。

(三)发展重点

海洋生物产业发展重点包括水产品深加工方向、远洋渔业方向和海水养殖方向,如图 6.11 所示。

1. 水产品深加工方向

做精做强水产品加工业,通过不断提高科技含量,积极开发引进新产品,进一步提高海水产品精深加工比例,积极利用高新技术推动水产品加工向"精、专、深"方向发展,促进海水产品资源的综合利用,延伸产业链,努力把舟山建设成为全国领先的海水产品精深加工基地。加快合成、脱腥、塑形等技术的推广运用,研究开发速冻、即食性水产食品和高附加值、高技术含量、高市场占有率的新产品,积极发展高营养、低脂肪、无公害、环保型的新型食品;加强低值水产品加工利用率,扩大鱼类、藻类、贝类加工的广度和深度,在低值鱼类、贝类、藻类加工及综合利用方面取得突破;加强对下脚料综合利用技术的开发,逐步突出定海在海洋保健品方面的发展优势。

2. 远洋渔业方向

以海洋渔业技术装备和海洋生物科技研发能力的提升为支撑,逐步建立产供销一体、内外贸贯通的现代化、国家级远洋渔业基地。依托舟山海洋科学城的科技资源积聚,充分发挥浙江海洋大学等高校和研究机构的作用,加强与国内外知名海洋科研机构合作,开展重点海域的资源深捕、捕捞新技术研究,进行高性能远洋渔船及其捕捞装备、节能降耗技术的自主设计与制造关键技术研究。进行南极磷虾主要渔场资源评估、捕捞、储藏、加工装备关键技术研究,提高远洋渔获物的附加值。大力开展远洋渔业产品质量安全控制体系关键技术、远洋渔业资源开发利用与渔具渔法、渔情预报关键技术研究,把拓展远洋渔业作为舟山现代渔业发展的重点和新的增长点。

3. 海水养殖方向

依靠科技创新加快先进养殖模式的研究与应用,开展复合增养殖系统开发及海洋牧场建设技术集成与示范研究,开展海水养殖良种创制关键技术及新品种(系)选育,推动传统海水养殖产业向现代高效渔业发展。开展重要滩涂和湿地生态资源保护、生态功能修复及浅海滩涂综合开发利用技术研究。开展渔场海洋生物资源及其生态保护、利用研究。积极引进捕捞、养殖新技术、新工艺、新产品,以及海洋捕捞副渔获物增值综合利用关键技术研究。开展海藻场生态保护功能开发及其增值维护关键技术研究。按照发展低碳经济的要求,积极开展渔船节能减排、水产养殖新技术的研究和推广。

对应产业：①水产品深加工运用先进的真空冻干等冻干保鲜技术，高效节能干燥技术、连续冷冻干燥技术、超低温冻结技术、高效节能速冻技术、数字化和信息化处理技术、数字化存储与智能配送技术、智能分级技术、综合保鲜技术、远洋捕捞船用超低温急冻冷藏设备和冷链设备、智利竹荚鱼、金枪鱼和鱿鱼类资源开发与利用关键技术、超低温冷库建设技术和超低温金枪鱼深加工技术。②渔业安全监控系统、渔船防碰撞系统、渔港和重点海域渔船动态实时监控系统、渔业视频会商系统、渔业环境预报系统、海上救助系统和渔业数据库。③水产品质量安全的检测和控制保障体系，溯源技术、真伪鉴别技术、在线物性探测技术、快速检测技术、微生物测报技术、水产品安全风险性评估技术、水产品安全监测预警技术、全程质量与水产品安全控制技术、水产品安全标准体系。④海洋生物药物新剂型、新辅料的开发和生产。⑤保健食品产业、化妆品及精细化工产品产业（微藻、小球藻类产品）。

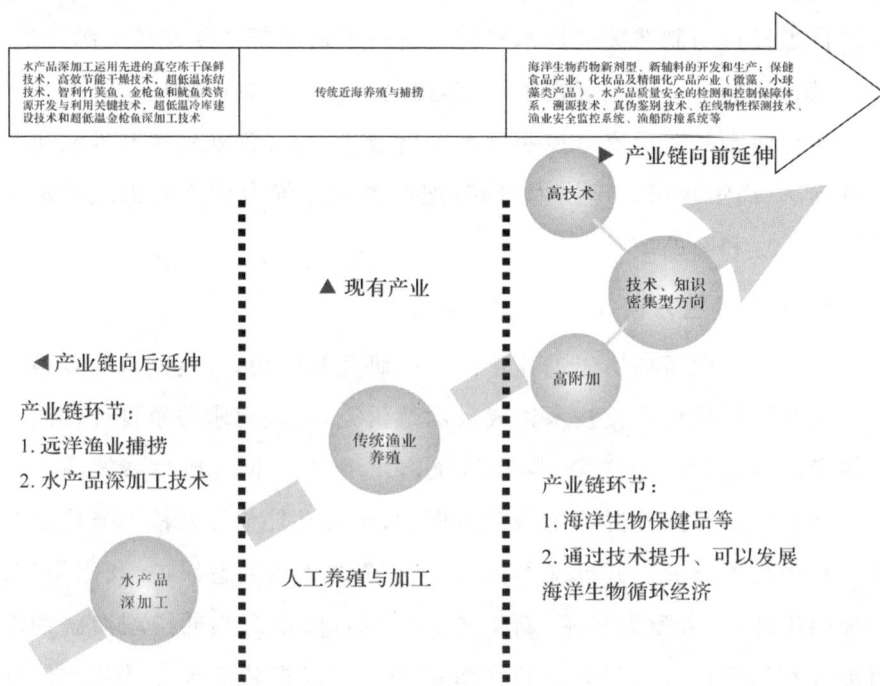

图 6.11 海洋生物产业依据

第五节 海水淡化产业(可观测产业)

全球海水淡化设备年均市场容量约 40 亿美元,中国海水淡化设备未来十年投资规模将高达 120 亿~140 亿元,海水淡化发展产业也将进入黄金十年海水淡代产业供求关系见表 6.13。全球有海水淡化厂 1.3 万多座,海水淡化日产量约 3500 万吨左右,可解决全球 1 亿多人的供水问题。按照目前平均海水淡化设备 7000 元/吨日的成本测算,按照未来 10 年海水淡化产能增加 170 万~200 万吨/日来测算,中国未来十年海水淡化设备投资有望高达 120 亿~140 亿元,行业有望进入爆发式增长期。目前淡化海水成本已降到 4~5 元/吨,大规模应用已经具备成本优势。

表 6.13 海水淡化产业供求关系

供求关系	数据
市场容量	40 亿美元
需求年均增速	20%~30%

中国目前海水淡化产能约 102.65 万吨/日(2015 年),2020 年目标 250 万~300 万吨/日,未来五年产量增加 1.5 倍。2005 年 7 月份国家发改委、国家海洋局、财政部联合发布的《海水利用专项规划》指出:2010 年,目标我国海水淡化能力达到 80 万~100 万立方米/日,海水直接利用能力达到 550 亿立方米/年,海水利用对解决沿海地区缺水问题的贡献率达到 16%~24%,并实现海水利用产业国产化率达 60%以上。2020 年,目标我国海水淡化能力达到 250 万~300 万立方米/日,海水直接利用能力达到 1000 亿立方米/年,海水利用对解决沿海地区缺水问题的贡献率达到 26%~37%。并实现海水利用(特别是海水淡化)国产化率达到 90%以上。从整体来看海水淡化产业前景较好。

一、海水淡化产业分析

(一)产业概述

海水综合利用已经成为当今世界各沿海国家解决淡水短缺,促进经济社会可持续发展的重大课题,该技术在挪威、美国、以色列、英国、印度、西班牙等国家都得到了广泛应用,不断推动新产业的崛起。一些发达国家经历了半个多世纪,在海水直接利用、海水淡化和海水化学资源综合利用等方面积累许多经验,取得了巨大进步。一是海水淡化技术已经成熟,效益显著。世界上最大的多极闪蒸(MSF)、多效蒸馏(MED)、反渗透(SWRO)淡化厂规模日处理能力分别达到 46 万、24 万、33 万立方米,解决了近 2 亿人的用水问题。二是海水直接利用领域不断拓展,海水冷却、海水脱硫等成为海水直接利用的重点方向。三是海水综合利用产业进程不断加快。

我国是海洋大国,在海水综合利用方面取得了很大成绩。但与世界上先进国家相比,仍然发展较慢、规模较小,海水淡化成本较高,在海水化学资源综合利用的附加值、品种和规模等方面都有较大的差距,具有自主知识产权的关键技术较少,设备制造及配套能力较弱,缺乏统筹规划和政策法规的引导,海水资源开发利用市场机制尚不完善。

海水淡化是海水综合利用的重点。虽然我国技术研究起步较早,目前已掌握了低温多效和反渗透技术,但与美国、法国等先进国家相比,在研究水平及创新能力、装备的开发制造能力、系统设计及集成、关键设备生产等方面仍然存在较大差距。目前国内近 80% 的海水淡化工程都是引进国外技术,关键设备(部件和材料)主要依赖进口。热法材料有 50% 来自进口,而膜法材料则有 90% 需要进口。因此,反渗透膜及膜组件、系统集成技术等是我国海水淡化产业急需突破的重点。

2012年2月,国务院正式发布《关于加快发展海水淡化产业的意见》,预示其作为海洋高端产业将成为新的经济增长点,这是前所未有的发展机遇。为快速推进我国海水淡化产业的发展,必须针对目前我国海水淡化产业的技术落后环节,尽快引进国内外相关机构,培育完善海水淡化产业链。

依据主要创新机构全球分布情况我们绘制了海水综合利用创新地图。世界海水综合利用产业技术领先区域主要集中在美国加州的欧申赛德、申来安德罗、密歇根州德米德兰,日本的东京、大阪,中国的天津,以色列的卡尔米埃勒,法国的巴黎,丹麦的诺宝。

二、定海海水淡化产业发展路径研究

(一)指导思想

充分发挥定海海洋资源、海洋科研、海水产业发展的基础优势,立足定海,面向国内外,抓住海水淡化应用与设备产业化两条主线(重点观测),通过政策引导、完善市场体系、多元化筹措资金、加大科技投入等措施,建立产业基础,充分考虑舟山市海水淡化发展重点,形成错位发展格局。

(二)发展目标

海水淡化产业发展的战略目标是抓住海水淡化产业发展的有利时机,努力把我区建成全国海水淡化产业基地和国家国海水淡化推广运用的先进城市。

1)通过建立工业、民用等多种模式的海水淡化工厂,积极发挥定海海洋资源大区的优势。

2)引进、培育海水淡化装备生产制造企业,率先在国内形成包括淡化设备制造、浓盐水综合利用、高性能机械设备研发与制造、腐蚀与防护材料与工程、高分子材料在内的海水淡化产业群,把定海区建成全省海水淡化装备制造业基地。

3)围绕海水淡化产业的发展建立一批海水淡化科研队伍,把定海区建成全省海水淡化科研、技术中心。

(三)观测重点

1.海水直接利用产业

海水直接利用产业主要包括海水冷却、大生活用海水,以及海水脱硫三大类。其中海水冷却主要包括自然通风冷却塔、海水冷却塔、冷却系统、冷却塔、循环冷却成套设备、上喷无风机节能海水冷却塔。大生活用海水主要包括海水冲厕。海水脱硫主要包括海水烟气脱硫工艺、设备、海水脱硫系统。

2.海水化学资源利用

海水化学资源利用主要是针对海水淡化的主要副产品——浓海水的处理,如制盐、提钾、提镁及其综合利用。需要的关键设备有洗脱剂、吸附剂等水处理药剂,海水化学资源提取设备等。

3.海水淡化设备

(1)反渗透膜法材料组件与设备

反渗透膜法海水淡化系统的核心是反渗透装备,主要设备由反渗透膜元件、多级高压泵、能量回收装置等组成。主要作用是去除水中的杂质,使出水满足使用要求。

(2)低温多效蒸馏法海水淡化设备

低温多效蒸馏法是全球海水淡化主流技术之一。主要包括关键设备、部件、材料,成套设备两大类。其中,关键设备、部件、材料主要包括蒸发器、冷凝器、蒸汽喷射泵、传热管、阻垢管;成套设备主要包括装置规模为单机 1000~50000 吨/日,装备规模单机 12500 吨/日,核心产品 3000 吨/日等。

（3）系统集成

系统集成设备主要包括热法和膜法技术及设备制造、安装,低温多效蒸馏海水淡化装置,膜发工艺设计生产、安装,低温多效成套设备。

第六节　海洋新能源产业(可观测产业)

海洋能是蕴藏于海水中的各种可再生能源的总称,包括潮汐能、波浪能、温差能、海流能、盐差能、离岸风能等,它是洁清环保的可再生能源。当前海洋能的主要利用形式就是发电。我国是一个海洋大国,拥有300多万平方千米的海域、6500多个500平方米以上的岛屿、18000千米海岸线,海洋能资源丰富,开发前景可观。从总体上看,我国海流能、温差能资源丰富,能量密度位于世界前列;潮汐能资源较为丰富,位于世界中等水平;波浪能资源具有开发价值;离岸风能资源和海洋生物质能资源具有巨大的开发潜力。2011—2014年,我国海洋电力业增加值年均增速达到25.3%;2016年,海洋电力业保持良好的发展势头,海上风电项目稳步推进,全年实现增加值126亿元,比上年增长10.7%。

一、海洋新能源产业分析

海洋新能源的开发与利用正在各国的能源战略中扮演着越来越重要的角色。美国、英国、加拿大、丹麦、西班牙等国家都为海洋可再生能源产业发展制定了全方位的政策支持。这些国家在海洋风电场、潮汐电站、波浪电站等技术领域及其产业化方面已经形成了较好的技术积累,走在了世界前列。

全球海洋藻类生物质能源基本上处于研究阶段,虽然部分企业宣称已经完成了中试,产出了符合标准的生物柴油,拥有规模化的商业化生产技术。我国海洋风能已经进入规模开发阶段,潮流能、海流能和波浪能的发展已经进入百千万瓦级示范电站阶段,温差能利用仅仅处于实验阶段。

二、定海海洋新能源产业发展路径研究

(一)指导思想

全面转变发展方式,优化产业结构,以优化海洋新能源利用方式、提高海洋新能源利用效率为核心,以海洋新能源应用、海洋新能源装备与服务业、海洋新能源科技创新为重点,综合考虑民生、自贸区的定位,在更为广阔的空间谋划定海区的新能源发展。

(二)发展目标

积极推进定海海洋新能源装备制造业的发展,形成依托自主知识产权和集成创新成果的新能源装备制造能力。将定海建设成为技术水平领先、产业规模较大、产业链条完整和品牌效应明显的海洋新能源的重要研发中心,在潮汐装备、波浪能设备、风电装备、核电装备、生物质燃料及太阳能利用设备等方面形成若干领先全国的新能源产业体系。

构建海洋新能源科技创新体系,为海洋新能源产业发展和新能源应用提供科技支撑。在潮汐装备、波浪能设备、风电装备、核电装备、生物质燃料及太阳能利用设备等方面取得一批具有自主知识产权的科技成果。开展海洋新能源技术标准的制定工作,实现自主技术产业化。

(三)重点观测产业

1. 海上风能产业

海上风能可以为人类提供巨大能量,全世界已经充分认识到海上风能的重要性,目前定海区的海上风能产业可观测:风电设备、叶片、齿轮箱、电机、控制系统、专用船舶等方向,并综合考虑未来自由贸易岛定位,海上风能产业应规划在远离居民住宅用地的偏远小岛。

2. 潮流能产业

潮流能发点是利用潮汐动能的一种发电方式,海水流动所产生的能量推动水轮机转动从而带动发电机发电。目前潮流能产业的主要发展方向为水平轴式、竖轴式、摆式、柔性叶片式等技术领域。

3. 波浪能产业

波浪能发电是利用物体在波浪作用下的纵向横向运动、波浪压力的变化及波浪在海岸的爬升等所具有的机械能进行发电。目前主要方向有机械液油式、振荡水柱式、越浪聚波式等三类技术。

4. 海洋生物质能源产业

海洋生物质能源主要是海洋植物利用光合作用将太阳能转化为化学能的形式贮藏的能量形式,此类海洋生物质的主要来源为海洋藻类,包括海洋海藻和大型海藻等。目前主要的方向是藻种选育技术、培养技术、微藻收集技术、生物燃料的制备技术等。

参考文献

一、中文部分

[1] 安虎森.增长极理论评述.南开经济研究,1997(1):31-37.

[2] 白洋,王海曦,杨绍红,等.日本地震后对海工装备制造业的影响.中国科技博览,2012(23):389-389.

[3] 毕晓琳.海洋科技发展在现代海洋经济发展中的作用.海洋信息,2010(3):19-22.

[4] 边永民.渔业补贴与渔业资源保护:现状和未来.法治研究,2011(8):44-52.

[5] 常玉苗.海洋产业创新系统的构建及运行机制研究.科技进步与对策,2012,29(7):80-82.

[6] 陈邦杆,徐敏敏.《宁波—舟山港总体规划》修编的建议.中国港口,2011(3):38-41.

[7] 陈国波,徐铖铖.浙江省海洋装备产业发展思路和对策研究.现代物业旬刊,2015,14(3):7-9.

[8] 陈加元.努力开创发展改革工作新局面.浙江经济,2013(2):21-25.

[9] 陈晓峰,刘万锋.浙江省港口物流发展现状与趋势分析.港口经济,2010,10(10):43 - 44.

[10] 陈志奎,岑况.舟山群岛新区生态环境的实证研究.河南师范大学学报(自然科学版),2012(1):78 - 81.

[11] 陈自芳.区域经济学新论.北京:中国财政经济出版社,2011.

[12] 程贵孙,孙心怡,芮明杰.民营资本进入战略性新兴产业的影响因素研究——基于 204 份调查问卷的结构方程模型分析.经济经纬,2014,31(5):68 - 74.

[13] 曹杰.中国海工装备蓄势新跨越.船舶经济贸易,2014 (4):21 - 23.

[14] 冯厚军,谢春刚.中国海水淡化技术研究现状与展望.化学工业与工程,2010,27(2):103 - 109.

[15] 范圣刚,刘洪昌.战略性海洋新兴产业发展的基本构想及对策研究——以连云港市为例.中国渔业经济,2014,32(5):19 - 26.

[16] 弗朗索瓦·佩鲁.新发展观.张宁,丰子义译.北京:华夏出版社,1987.

[17] 傅远佳.广西保税物流体系建设探究.合作经济与科技,2009 (19):120 - 122.

[18] 韩立民,张静.山东海洋战略性新兴产业发展现状与模式分析.中国渔业经济,2013,31(3):5 - 11.

[19] 贺波.世界渔业捕捞装备技术现状及发展趋势.中国水产,2012(5):43 - 45.

[20] 郭思维,魏云达.我国港口物流发展现状分析.中国高新技术企业,2009(7):75 - 76.

[21] 韩保平,李励年.韩国渔业发展的政策和措施.水产科技情报,2008,35(4):164 - 167.

[22] 洪山.世界自由港的发展及其特点.对外经贸实务,1996 (10):32 - 35.

[23] 侯玉陶.欧洲门户:鹿特丹港.中国物流与采购,2008(17):36 - 37.

[24] 胡卫伟.浙江舟山群岛海洋旅游发展与产品结构优化.全国商情:经济理论研究,2008(10):24-26.

[25] 黄浩.科技＋资本,园区金融服务新攻略.中国信息化,2012(16):44-47.

[26] 黄维彬.新加坡发展国际航运中心的经验及展望.港口经济,2006(6):30-31.

[27] 黄建钢."舟山群岛新区"的定位和发展思路.当代社科视野,2011(10):30-35.

[28] 惠绍棠,霍树梅.中国海洋仪器设备研究发展的历史回顾.海洋技术学报,1998(4):1-6.

[29] 贾宏俊,等.中国工业用地集约利用的发展及对策.中国土地科学,2010,24(9):52-56.

[30] 贾晓明.完善港口物流体系 促进港口物流发展.海运纵览,2010(7):22-25.

[31] 姜秉国,韩立民.海洋战略性新兴产业的概念内涵与发展趋势分析.太平洋学报,2011,19(5):76-82.

[32] 江曼琦.天津滨海新区成长的机理和发展策略选择.北京:经济科学出版社,2012.

[33] 江晓琼.舟山市与浙大合作共建"海上浙江"示范基地.今日科技,2009(4):16-16.

[34] 金艳花,赵哲远,朱顺花,等.舟山群岛新区土地利用规划调控面临的政策制约分析.浙江国土资源,2012(6):39-41.

[35] 居占杰,李宏波,黄康征.广东海洋战略性新兴产业发展的SWOT分析.改革与战略,2013,29(5):72-77.

[36] 李建丽,真虹,徐凯.自由港模式在我国的适用性分析.港口经济,2010(7):10-13.

[37] 李茂江,李永新.青岛自由港建设问题研究.港口经济,2010(11):41-44.

[38] 李仁贵.西方区域发展理论的主要流派及其演进.经济评论,

2005（6）:57-62.

　　[39]李小建,苗长虹.增长极理论分析及选择研究.地理研究,
1993,12(3):45-55.

　　[40]刘辉群.中国保税区向自由贸易区转型的研究.中国软科学,
2005（5）:114-119.

　　[41]刘洪昌.中国战略性新兴产业的选择原则及培育政策取向研
究.科学学与科学技术管理,2011,32(3):87-92.

　　[42]卢明华,李国平,杨小兵.从产业链角度论中国电子信息产业发
展.中国科技论坛,2004(4):18-22.

　　[43]罗宁.舟山谋划国际物流岛变局.中国港口,2011(8):10-12.

　　[44]罗兵,俞树彪.浙江省海洋资源环境经济系统优化探讨.浙江
海洋学院学报(人文科学版),2008,25(4):16-19.

　　[45]吕良和.船舶配套产业本土化势在必行.中国科技博览,2011
(1):189-189.

　　[46]马丽卿.希望在海洋:舟山群岛新区海洋产业发展研究.浙江
工商大学出版社,2012.

　　[47]马仁洪,陈有文.以物联网技术促进港口智能化发展.水运工
程,2012(5):38-42.

　　[48]满颖,卢欣.上半年我国船舶产业现状、问题及对策.商务周
刊,2010(18):62-64.

　　[49]满颖.中韩船舶产业竞争力对比分析.中国贸易救济,2012
(1):37-39.

　　[50]缪昌文."十二五"期间连云港航运业发展对策研究.大陆桥视
野,2010(14):55-57.

　　[51]潘亚鑫.日元贬值 VS 中国船舶产业.广东造船,2013,32(3):
16-17.

　　[52]瞿菊香.我国区域性资本市场的建立与运作研究.中国石油大
学,2010.

　　[53]彭超,文艳.加速海洋信息产业建设促进海洋经济发展.沿海

企业与科技,2001(3):42 - 43.

[54] 任淑华,孟全,赵珍,杨美丽.海洋产业经济学.北京:北京大学出版社,2011.

[55] 邵桂荣.浙江舟山海洋水产业集群竞争力影响因素研究.生态经济,2012(6):117 - 120.

[56] 沈开艳,徐美芳.上海张江高科技园区创新集群模式的特征及主要政策.社会科学,2009(9):3 - 9.

[57] 史景华,陈官平,陈莉莉.构建舟山国际物流岛的思路与对策.港口经济,2012(6):44 - 47.

[58] 施祖麟.区域经济发展:理论与实证.北京:社会科学文献出版社,2007.

[59] 宋兵.海工装备产业:地方经济发展新动力.珠江水运,2013(12):66 - 68.

[60] 孙吉亭.海洋经济理论与实务研究.北京:海洋出版社,2008.

[61] 唐茂华.天津滨海新区发挥综合配套改革试验区的先导作用.天津大学学报(社会科学版),2007(1):7 - 9.

[62] 汤茂林.苏南地区小城镇规划中问题的思考.城市研究,1997(4):35 - 37.

[63] 万旭东,麦贤敏.港口在城市空间组织中的作用解析.规划师,2009,25(4):56 - 62.

[64] 王军成,刘岩.发展海洋监测高新技术振兴海洋仪器行业.山东科学,2006,19(5):1 - 6.

[65]王琦,黄南艳,姜丽.法国海洋可再生能源产业发展浅析.国土资源情报,2013(10):51 - 56.

[66] 王世秀.南通沿海港口错位融合统筹发展探究.中国港口,2014(12).

[67] 王晓萍.国际经验对宁波临港工业发展的启示.经济论坛,2007(24):33 - 35.

[68] 王业虎.中国企业进入船舶电子及导航设备产业之形势分析.

金融经济,2008.

[69] 吴洁,陶永宏,蒋志勇.长三角地区船舶产业集群与知识创新.船舶工程,2005(6):72-75.

[70] 吴志鹏.从政策比较看舟山群岛新区建设.浙江经济,2011,10(10):46-47.

[71] 熊义杰.区域经济学.北京:对外经济贸易大学出版社,2011.

[72] 徐盈,周金荣.全力打造国家级远洋渔业基地.浙江经济,2013(20):44-45.

[73] 殷克东,方胜民.中国海洋经济形势分析与预测.北京:经济科学出版社,2010.

[74] 周达军,崔旺来.浙江海洋产业发展研究.北京:海洋出版社,2011.

[75] 尹莉,臧旭恒.消费需求升级背景下的产业融合研究——以电子信息产业为例.产业经济评论,2008,07(3):69-86.

[76] 余求妹,姜华帅.舟山远洋渔业发展问题与对策研究.安徽农业科学,2013,41(8):3429-3430.

[77] 岳冬冬,王鲁民,郑汉丰,等.中国远洋鱿钓渔业发展现状与技术展望.资源科学,2014,36(8):1686-1694.

[78] 章美锦,万解秋.我国区域性资本市场发展路径研究.财贸经济,2008(1):72-78.

[79] 赵彬.抓住"试点"机遇推动福建海洋经济跨越发展.发展研究,2011(10):68-71.

[80] 曾艳红.区域开发研究中的增长极理论及其应用——以十堰二汽为例.经济地理,1992,12(2):4-8.

[81] 张东,陈帅.水生动物行为研究及其在水产中的应用简述.渔业信息与战略,2013,28(2):93-98.

[82] 张娟锋,贾生华.区域土地开发企业的持续成长之路——以上海陆家嘴公司为例.中国房地产,2012(11):54-57.

[83] 张洁音,王镓利.浙江省创新型城市建设模式研究——以浙江

省 11 个地级市为例.科技管理研究,2013,33(21):66 - 71.

[84] 张磊.发展海洋经济背景下鄞州滨海创业中心定位审视.宁波经济:财经观点,2012(4):18 - 26.

[85] 张利安,冯耕中.国内外典型港口物流的发展及启示.中国物流与采购,2004(10):16 - 20.

[86] 张世坤.有关汉堡港、鹿特丹港、安特卫普港的考察——兼谈我国保税区与国际自由港的比较.港口经济,2006(1):42 - 43.

[87] 张守淳.2009 年我国船舶产品进出口分析和 2010 年展望.船舶经济贸易,2010:22 - 24.

[88] 张志勇.韩国船厂积极开拓海洋工程市场.船舶经济贸易,2005(6):11 - 13.

[89] 张锦鹏.增长极理论与不发达地区区域经济发展战略探索.当代经济科学,1999(6):32 - 37.

[90] 浙江省土地勘测规划院.舟山群岛新区土地利用规划调控面临的政策制约分析.浙江国土资源,2012(6):39 - 41.

[91] 郑道文.佩鲁的经济空间理论.中南财经大学学报,2001(5):17 - 21.

[92] 郑新立.将舟山建设成为我国环太平洋经济圈的桥头堡.全球化,2013(4):30 - 38.

[93] 郑永华,朱彩红.温岭市船舶制造业发展现状与前景.统计科学与实践,2007(8):30 - 32.

[94] 周世锋.舟山群岛新区发展规划解读.浙江经济,2013(6):12 - 14.

[95] 周世锋.大力发展海洋战略性新兴产业.今日浙江,2011(5):20 - 21.

[96] 舟山船舶高新技术产业园区.舟山:以"三园一区"加快发展船舶电子装备产业.今日科技,2014(4).

[97] 邹晓燕.群岛新区海洋科技的支撑路径.浙江经济,2012(13):55.

二、英文部分

［1］Boudeville J. R. Problems of Regional Economic Planning. Edinburgh：Edinburgh University Press，1996.

［2］Francois Perroux. Economic Space：Theory and Applications. Quarterly Journal of Economics，1950(64)：89 – 104.

［3］Francois Perroux. Note on the Concept of "Growth Poles". Harmondsworth：Penguin Books Ltd，1971.

［4］Gaile G. L. The Spread-Backwash Concept. Regional Studies，1980(14)：15 – 25.

［5］B. Parr. Growth-pole Strategies in Regional Economic Planning：A Retrospective View. Part2. Implementation and Outcome，Urban Studies，1999(36)：1247 – 1268.

［6］Paul Krugman. Increasing Returns and Economic Geography. The Journal of Political Economy，1991(3).

［7］Richardson H. W，Richardson M. The Relevance of Growth Center Strategies to Latin America. Economic Georaphy，1975(51)：163 – 178.

后　记

　　本书是浙江省哲学社会规划课题:政府制度工作对集群创业行为演化影响研究(18NDJC146YB)和杭州市科技计划项目:杭州城市工业用地亩产效益评价研究(20190834M31—1)的最终研究成果。

　　自我国海洋强国战略实施以来,舟山海洋战略性新兴产业得到快速发展,我们走访了定海区、普陀区等主要产业集聚区,对舟山六大传统产业和四大园区进行了基本调查和了解,在此基础上对定海海洋战略性新兴产业的发展进行了竞争力优劣势分析、匹配性分析筛选出相应新兴产业。在此过程中,我们对区域经济发展、产业转型升级、战略性新兴产业的发展等产生了浓厚的研究兴趣,先后承担和参与了国家级基金、省部级项目,在《管理世界》《中国工业经济》等学术期刊上发表了十余篇论文。本书就是在上述研究基础上对自由港与海洋战略性新兴产业发展进行地深化,试图为推动区域经济发展、政府区域政策制定提供理论和实践的支撑。

　　在本书撰写过程中,书中所收录的案例企业为我的研究提供了极大的支持,以及坚实的调研基础。研究生蔡琰参与了本书第二、三章的资料收集、分析整理和初稿撰写工作,研究生陈琛参与了本书第三、四章的资料收集、整理、调研和校对工作,研究生郑王雄杰参与了本书第二章的资料收集和初稿撰写工作,在此一并感谢。

最后,由于自由港与海洋战略性新兴产业发展研究是一个涉及内容较为庞大的项目,研究周期较长、收集案例相关数据难度较大,加之我们知识和能力有限,书中难免仍有一些不足之处,希望各位读者能够批评指正。

蔡 宁 黄 纯

2019 年 10 月 3 日于杭州